律师刑事发问技法

Court Of Victory

制胜法庭

孙　浩 / 著

法律出版社 | LAW PRESS
北京

图书在版编目（CIP）数据

制胜法庭 ：律师刑事发问技法 / 孙浩著. -- 北京 ：法律出版社，2025. -- ISBN 978 -7 -5244 -0020 -2

Ⅰ. D925.215

中国国家版本馆 CIP 数据核字第 20252ER245 号

制胜法庭

——律师刑事发问技法

ZHISHENG FATING

—LÜSHI XINGSHI FAWEN JIFA

孙 浩 著

策划出品 戴 奎
策划编辑 董 昱
责任编辑 董 昱
装帧设计 鲍龙卉

出版发行 法律出版社
编辑统筹 法规出版分社
责任校对 张红蕊
责任印制 耿润瑜
经　　销 新华书店

开本 A5
印张 8.25　**字数** 178 千
版本 2025 年 4 月第 1 版
印次 2025 年 4 月第 1 次印刷
印刷 天津嘉恒印务有限公司

地址：北京市丰台区莲花池西里 7 号（100073）
网址：www.lawpress.com.cn
投稿邮箱：info@lawpress.com.cn
举报盗版邮箱：jbwq@lawpress.com.cn
销售电话：010 - 83938349
客服电话：010 - 83938350
咨询电话：010 - 63939796

书号：ISBN 978 - 7 - 5244 - 0020 - 2　**定价**：58.00 元

凡购买本社图书，如有印装错误，我社负责退换。电话：010 - 83938349

序

发问、质证（举证）、辩论是刑辩律师在法庭上的三大核心技能。律师在法庭上的主要工作一开口便是发问，问得好不好，问得到不到位，都体现其在法庭上的真实水平、对案件的熟悉程度以及对法律的理解。

法庭发问的对象不仅包括被告人，同时针对不同对象，如同案被告人、控方证人、侦查人员及鉴定人。对同案被告人发问时，需精准研判敌友关系，灵活调整策略；对控方证人发问时，应“安全性问题先行”以瓦解戒备心理，“封闭式提问”以掌控回答方向；面对侦查人员，则需“单刀直入”与“欲擒故纵”并用，直击漏洞；对鉴定人发问时，需“内力”与“外力”相结合，不仅要自身熟悉鉴定中的常见问题，还要借助专家辅助人等专业人员的力量。这些策略的背后，既体现了对法律规则的深刻理解，也反映了对人性的敏锐洞察。

法庭上的发问，是一场以语言为刃、以逻辑为盾的攻防博弈。本质上，法庭对抗并非律师单纯地驳倒公诉人，而是要设法说服法官，为法官作出被告人有罪或无罪的裁判提供充分依据。若能通过发问对公诉人指控的证据进行釜底抽薪，使公诉罪名无法成立，法官自然会作出无罪判决，或者促使检察官撤回起诉、变更起诉。然而，这些技巧因个案差异较大，需要律师不断摸索、总结。发问看似只是简单的一问一答，实则在这过程中彰显了律师的法律功底与智慧。一般情况下，律师发问在检察官之后，既可以问出自己案件中想问的问题，也是法庭上的实质上的“第一轮辩论”，实际上交锋早在发问环节就已开始。

本书的作者孙浩律师，作为我多年的学生，曾是一名优秀的公诉人，后转行成为辩护律师，在法庭上继续展现他的才华。这种双重职业背景的历练，使他在法庭上既擅长犀利的“进攻”，又精通稳固的“防守”，特别是对“发问”这一庭审关键技能，他有着深入的研究与独到的见解。我认为这本书在实务操作中具有借鉴意义，愿每位读者皆能从此书中觅得属于自己的“制胜之问”。

特此点赞，并作序。

北京紫华律师事务所主任

2025 年 2 月 20 日

目录

第二讲 刑事法庭发问的功能

第三讲 刑事法庭发问的重点

第四讲　刑事法庭发问的八个禁区

第五讲　刑事法庭发问的八个误区

第六讲 刑事法庭发问被告人的四个锦囊

第七讲　刑事法庭发问同案被告人的四个锦囊

第八讲　刑事法庭发问控方证人的七个锦囊

第九讲　刑事法庭向侦查人员发问的策略

第十讲　刑事法庭向鉴定人发问的五条路径

第十一讲　刑事法庭发问的反对与应对被打断

第一讲

律师如何成为一名刑事法庭发问高手

- 刑事法庭发问的法律依据与目的
- 体系化提高发问能力
- 提升发问能力的学习途径
- 提升发问能力的学习方法
- 从更高维度提升综合能力

发问是刑事庭审的核心环节之一。成功的刑事法庭发问，不仅需要系统的知识储备、严密的逻辑思维、灵活的应变能力，还需要辩护人[1]拥有流畅的口语表达能力和敢辩善辩的顽强意志，善于运用各种技巧与策略，以获取探寻事实真相、说服法官的最佳法庭效果。实践中，培养一名优秀的刑事辩护人如同知名品牌汽车的制造过程，需要依靠师傅悉心传授和学徒精雕细琢，需要经过岁月洗礼和实践打磨而成，难以一蹴而就。本讲主要结合庭审实践探讨律师如何成为一名刑事法庭发问高手，并分享关键心得和方法。

一、刑事法庭发问的法律依据与目的

（一）辩护人刑事法庭发问的法律依据

在刑事庭审中，发问是法律赋予辩护人的一项基本权利。

《中华人民共和国刑事诉讼法》第 191 条第 2 款规定："被害人、附带民事诉讼的原告人和辩护人、诉讼代理人，经审判长许可，可以向被告人发问。"第 194 条第 1 款中规定："公诉人、当事人和辩护人、诉讼代理人经审判长许可，可以

〔1〕《中华人民共和国刑事诉讼法》第 33 条第 1 款规定："犯罪嫌疑人、被告人除自己行使辩护权以外，还可以委托一至二人作为辩护人。下列的人可以被委托为辩护人：（一）律师；（二）人民团体或者犯罪嫌疑人、被告人所在单位推荐的人；（三）犯罪嫌疑人、被告人的监护人、亲友。"因此，在刑事诉讼中担任辩护人的不限于律师，但本书所阐述的辩护人发问主要指律师发问。

对证人、鉴定人发问。”

《最高人民法院关于适用〈中华人民共和国刑事诉讼法〉的解释》第242条第2款规定：“经审判长准许，被害人及其法定代理人、诉讼代理人可以就公诉人讯问的犯罪事实补充发问；附带民事诉讼原告人及其法定代理人、诉讼代理人可以就附带民事部分的事实向被告人发问；被告人的法定代理人、辩护人，附带民事诉讼被告人及其法定代理人、诉讼代理人可以在控诉方、附带民事诉讼原告方就某一问题讯问、发问完毕后向被告人发问。”

《最高人民法院关于适用〈中华人民共和国刑事诉讼法〉的解释》第259条规定：“证人出庭后，一般先向法庭陈述证言；其后，经审判长许可，由申请通知证人出庭的一方发问，发问完毕后，对方也可以发问。法庭依职权通知证人出庭的，发问顺序由审判长根据案件情况确定。”

（二）辩护人刑事法庭发问的目的

法庭发问与举证质证一样，都属于法庭调查的一个环节。法庭发问的根本目的是揭示瑕疵证据或非法证据、查清案件争议事实、强调有利于被告人的事实等，具体表现形式是通过发问、回答的方式查明被告人有没有起诉书所指控的事实，或者是查明被告人无罪及罪轻的事实与情节，最终实现无罪或者罪轻的辩护目的。

高效的法庭发问，不仅有利于协助法庭查明案件事实，还可以为发表辩护词、开展法庭辩论铺垫事实基础。辩护人在庭审调查中既要敢于发问，又要善于发问，才能帮助法官对案情有更加清晰的认识，高质量地完成庭审辩护任务。如果不能熟练地掌握法庭发问方法和原理，不具备法庭发问的基本功，发问意愿不强，发问时机掌握不准、发问方法不正确，那么辩护人在庭审调查中无异于“自断一臂”，主动放弃了维护被告人合法权益的良机，这将很难取得良好的辩护效果。

二、体系化提高发问能力

成为一名刑事法庭发问高手，需要不断地训练表达技巧、逻辑思维、归纳技巧、提问技巧、聆听技巧和说服技巧等。通过系统地掌握这些技巧，辩护人才有可能全面提高自己的发问能力，真正做到有效辩护。

（一）训练表达技巧

为了成为一名优秀的法庭发问者，需要不断训练口头表达技巧。首先，确保口齿清晰，使用简洁明了的语言，让听众能够理解语言传递的意思。其次，控制好语速，不要过快或过慢，适当调整语速可以使表达更加流畅，给听众足够的时间来理解和消化输出的信息。再次，语调要抑扬顿挫，强调关键信息和情感的表达，增加语言的表现力。最后，根据听众的差异性，确定使用书面化或口语化表达方式，表达的目的是让听众听起来不别扭、易于理解。例如，使用专业术语向证人发问，对方可能无法准确理解发问的内容，回答的效果显然不能达到发问目的。又如，使用通俗语言向鉴定人发问，会显得发问者缺乏专业素养，对方回答问题可能会有所敷衍。

（二）训练逻辑思维

逻辑思维是人认识世界、分析问题、解决矛盾的重要工具，它能够让人厘清思考路径，从而作出更加理性的判断和决策。训练逻辑思维的目的如下：一是学会构建有力的论证。运用逻辑推理和论证技巧证成辩方的观点具有逻辑自洽性、合理性，并且能够有效地驳斥控方的论点。二是寻找控方论点的矛盾之处。案卷材料中的各种证据纷繁复杂，要学会从中发现矛盾，并利用矛盾来加强辩方观点。三是避免陷入逻辑矛盾。如试图通过偷换概念、以偏概全等方式投机取巧，这些错误会削弱辩方的论证力，使辩方的观点难以令人信服。

（三）训练归纳技巧

训练归纳技巧的实质是通过系统化的方法提升个体对于信息的处理、整合和概括能力。面对复杂案件，辩护人能够快速且准确地从大量材料中提取关键信息，并将其条目式归纳总结为论点或论据是一项重要的技能。训练归纳技巧的目的如下：一是培养精准理解核心信息的能力。要想进行有效的归纳总结，辩护人必须能够围绕构成要件准确捕捉并理解案件的关键证据。这要求个体不仅要有敏锐的观察力，还需要对相关证据有深入的了解。二是构建清晰的逻辑框架。在进行归纳时，需要将分散的案件材料有机地组织起来，形成有逻辑性的证据结构。列提纲、画思维导图等方法是帮助辩护人整理思路、梳理信息层次的有力工具。三是发现规律和共性是归纳技巧的核心。通过对一系列相似或相关的事物进行观察分析，可以寻找它们之间的相似点，从而提炼出普遍性的规律。四是深化理解和拓展延伸是归纳技巧的高级阶段。这不仅要求个体能够准确把握已有的信息，还需要能够在此基础上进行深层次的思考和扩展。通过练习归纳技巧，辩护人可以更快地分析信息，更准确地把握案件的核心，从而在法庭发问中更加精准和高效。

（四）训练提问技巧

提问技巧在日常生活和工作中都至关重要，一名优秀的提问者能够获取更准确、更有用的信息。训练提问技巧的方法包括明确问题、具体化问题、分解推理过程、限定回答范围等。

一是提前准备问题。提前准备问题可以帮助辩护人厘清辩护思路，明确辩护目标、完善发问方案，从而在法庭上游刃有余地应对各类情况。二是问题具有针对性。确保辩护人的提问聚焦于案件的定罪量刑，这能够推动争议的解决及从轻、减轻或无罪情节的浮现。三是摆脱无关问题。避免发问与案件无关或者辩护人无把握的问题。四是善于引导对话。通过几个简单的引导式问题，往往可以帮助被告人、证人和其他被询问者更好地配合发问，从而防止问答脱离预设的轨道。

（五）训练聆听技巧

聆听是沟通的重要组成部分，一位优秀的聆听者不仅能更好地理解他人，获取对方的信息，还能建立起良好的互动关系。常见的训练聆听的技巧包括保持眼神交流、不打断对方、提问以获取更多信息、避免先入为主的观念、用点头或“嗯”来表示理解等。

除此之外，辩护人在法庭上还要做好以下工作：一是注意倾听并记录关键细节，这些细节包括被告人和证人的回答、公诉人和法官的发问内容及各方反应等。如果辩护人不能在法庭上及时准确地掌握其他诉讼参与人的观点，则很难高效发问。二是观察非言语信号。如面部表情、姿势和肢体语言等，这些信号可以帮助辩护人更好地理解对方的意图与态度。三是保持庭审专注度。在庭审期间，辩护人应时刻保持专注，避免分心或者被外界干扰，这将有助于辩护人更好地捕捉到重要信息和线索。

（六）训练说服技巧

说服技巧是影响他人观点和行为的重要能力，也是庭审舞台上不可或缺的一项技能。练习说服技巧，可以帮助辩护人在庭审中更有效地引导被告人和证人讲述事实，进而说服法官。训练说服技巧的方法包括明确目标、了解听众、建立信任、注重问题逻辑与条理、提供证据和案例、重复关键信息以及讲述事实等。以注重问题逻辑与条理为例，辩护律师应当抓住以下重点。

1. 明确核心论点

在辩护前明确核心论点，并用简洁的语言进行概括，确保所有论证围绕这一目标展开，且参加庭审的人员能够理解。

2. 构建逻辑框架

确保论点、论据和结论之间有严密的逻辑关系，避免跳跃式思维；将论证分为几个层次，逐步展开，避免信息混乱。

3. 合理使用论证方法

运用归纳法，从具体事实中归纳出一般结论；运用演绎法，从一般原则推导出具体结论；运用类比法，通过类比相似案例支持论点。

4. 证据组织

确保所有证据与核心论点直接相关，避免无关信息干扰；按时间、重要性或逻辑顺序组织证据，增强说服力。

5. 预判与反驳

预判对方论点，提前准备反驳依据，增强辩护的针对性；用逻辑指出对方论点的漏洞，而非情绪化回应。

6. 视觉辅助

通过图表等工具直观呈现复杂信息；使用时间线展示事件顺序，增强逻辑性。

刑事法庭发问是双向互动的过程，辩护人的说服是建立在回答者回应的基础上，因此，辩护人需细致洞察回答者的需求，准确推断出其意图与动机，通过精心设计问题，巧妙引导对方讲述出有利于我方的事实。例如，回答者的紧张程度、回答问题的速度以及是否回避某些问题等都可以给辩护人一些线索。

三、提升发问能力的学习途径

（一）阅读经典书籍

在刑事辩护领域，有许多厉害的法庭发问高手，他们拥有丰富的实务经验和深厚的理论体系。这些专家及其著作不仅为辩护人提供了宝贵的学习资源，还为整个行业的发展奠定了坚实的基础。

可以通过网上查找，或向同行了解，在刑事辩护领域有哪些厉害的高手，以及他们出版了哪些经典书籍。推荐以下书籍供参考：《交叉询问的艺术》（弗兰西斯·威尔曼著，周幸、陈意文译）、《对方证人：芝加哥著名刑辩律师论交叉询问与人生的经验教训》（史蒂文·F. 莫罗、詹姆斯·R. 费格利罗主编，吴宏耀、云翀译）、《哈佛辩护学全书》（林正、李思奇编著）、《决战法庭：检察官、律师庭审制胜36计》（桑涛著）、《刑事出庭修炼手册：成为高手的100个思维策略》（赵鹏著）、《交叉询问的方法与技巧》（张耀良著）、《辩护人庭审发问原理与方法》（王俊民著）、《法庭语言技巧》（廖美珍著）等。

（二）观看庭审视频

在中国庭审公开网上有非常多的视频，可以有针对性地搜寻一些有影响力的大案、要案或者公认优秀的律师、法官、检察官的庭审视频来学习。主要学习以下内容：

1. 学习语言表达

（1）语速与清晰度。注意他们发问的节奏和语速，以及他们如何确保问题的清晰度和可理解性。

（2）语调与情感。观察他们在发问时如何使用语调和情感来强化信息，如何有效控制、引导和安抚对方。

2. 分析提问技巧

（1）观察开场问题。关注他们是如何开始提问的，这通常奠定了庭审问答的语气和方向。

（2）研究问题结构。注意他们所提问题的构造方式，比如是使用了开放式问题还是封闭式问题，以及这些问题如何影响对方的回答。

（3）评估发问策略。分析他们如何通过提问逐步揭露事实，或是如何使用策略性问题来达到发问目的。例如，一个有条理的辩护人可能会按照时间顺序或者重要性的顺序提出问题，以帮助法庭更好地理解案件的细节。

3. 观察非言语交流

（1）肢体语言。观察他们在提问时的肢体动作，包括手势、眼神和面部表情，总结这些动作是如何配合他们的问题以强化发问效果的。

（2）姿态与气场。观察辩护人的自信程度和在场上的把控能力，这些都是成功提问的重要组成部分。例如，一名优秀的辩护人可能会保持端正挺拔的姿态，展现自信从容的气场，以更好地体现自身专业能力和权威感，提升发问的效果。

（三）多渠道向高手学习

在当下，我们拥有前所未有的机会向各地的业务高手学习法律实务和出庭技巧。可以通过以下方式，有效地利用各种资源提升自己的法庭发问能力和法律实践技能。

1. 线上交流

（1）法律专业网站。北大法宝、网易公开课等在线学习平台以付费或者免费的方式提供讲座、研讨会视频，这些视频通常由经验丰富的法律专家创作，能够提供专业的知识和见解。有些学习平台还提供系列法律教学课程，既有入门级的基础法律知识讲解，也有“小切入口”的专业法律技能训练。

（2）社交媒体。关注优秀的律师、检察官、法官或法学教授的抖音、微博或微信公众平台等社交媒体账号，他们会及时针对热点问题或者疑难问题分享自己的见解、经验以及对案例的分析。

（3）线上交流研讨。目前，形式多样且高质量的学术探讨与实务交流越发频繁，可以足不出户参加由专家组织或参与的网络研讨会和直播讲座，通过线上提问并获得反馈。

（4）人机互动。可以利用知乎、百度 AI 助手、DeepSeek 等问答平台，提出具体问题，并从经验丰富的法律人或者人工智能软件整合的素材中获得参考答案。如果对参考答案不满意，还可以通过改变提问，更精准地获取答案。

2. 线下交流

（1）律师协会或法学会。律师协会或者刑法学会等法学会经常举办有经验丰富的法学学者、法律专家参加的在线研讨会，涉及各种法律实践领域、前沿问题。

（2）专业法律论坛和培训。这些线下论坛和培训提供了与其他法律专业人士现场交流经验的机会，可以借机讨论具体的案件策略，即时获取反馈。

四、提升发问能力的学习方法

（一）模仿高手

模仿是最基础的学习能力。在没有实践经验的情况下，模仿是最直接、简单的学习方法。在模仿的基础上，再去思考问题，这比单纯的研究理论更高效。想到和做到之间还有很大的差距，书看得再多，如果不实践，一切都是空谈。一名刑事辩护人想要快速提高自己的发问能力，只看前文推荐的书籍是远远不够的，还要到实践中去摸索提高。作为一名刚入行的刑事辩护人，模仿业内高手就是一条最便捷高效的提升之路。

关于模仿，要先丧失自我，再重塑自我！可以选择一些优秀律师、法官或检察官，特别是那些以精湛的发问技巧而闻名的专家，通过观看他们的庭审视频，阅读他们的访谈和文章，关注他们如何控制庭审节奏、处理突发情况以及与被告人、证人和法官的互动方式，全面了解他们的发问风格和策略。然后模拟他们在法庭上的表现，从语气、语速到坐姿、手势等方面全方位地模仿。之后，学以致用，先从难度不大的案件开始尝试应用所学技巧，逐步建立信心。随着实践经验的增加，逐渐在更重大或复杂的案件中使用这些技巧。通过有目的的模仿，可以快速提升发问技巧，并逐步形成适合自己的发问风格。

（二）刻意练习

练习讲究方法，低效率的没有难度的重复训练再多，也不能让自己成为一名顶级的专家，至多也只是增加了熟练度而已。所以有些人即使从事法律工作几十年，参加了几百场刑事庭审，他们也只是熟练而已，并不能成为专家。要成为专家必须经过大量有针对性的练习。

1. 明确练习目标

在开始练习之前，明确你想要提升的具体技能。例如，根据想要提升的技能是语言表达的清晰度、问题的逻辑性还是应对突发情况的能力，将其分成口才、逻辑等模块，再一个模块一个模块去攻克。

2. 模拟庭审

选择真实案例，参与或自行组织模拟庭审，尽可能模拟真实的庭审环境，角色扮演辩护人、公诉人、法官等。

3. 录像与自我评估

在模拟训练时录制视频，之后仔细观看，分析自己的发问方式、语言表达和非言语沟通，识别出需要改进的地方，并在下一次训练中重点攻克。

4. 寻求外部反馈

向经验丰富的律师或法律专家展示你的现场庭审或模拟训练，请求他们的批评和指导，或者积极参加法律专业的研讨会，与其他法律从业者交流，获取他们的评价和建议。

（三）及时总结

1. 及时复盘

不少刑事辩护人每天早出晚归，一年到头基本没有休假，一直非常努力，但是法庭发问水平却始终难以提高甚至原地踏步。这很可能源于平时缺乏深度思考的习惯，对参与过的庭审缺少复盘，以为只要多参加庭审、多增加经验就可以了。但现实是残酷的，如果没有反思，自然不可能查找到不足，更谈不上进步，因此，刑事辩护人每开完一个庭之后，一定要及时复盘。

复盘一般按照三个步骤：一是回顾庭审之前设立的目标，评估是否达到既定的目标，并找出整个庭审过程中的亮点和不足；二是分析庭审成功或失败的根本原因，包括主观和客观两方面；三是及时提炼法庭发问的规律，并不断地校正。每次庭审都通过这种方式不断地复盘，并在实践中不断修正自己的法庭发问方法，周而复始，发问能力会有突飞猛进的进步。

2. 在分享中进步

分享是最好的学习方法。通过分享可以倒逼自己进一步完善知识体系，而且分享的对象越多，学习的效果就越好。因此，在每次庭审之后可以写一段自己的庭审感悟，积少成多，最后将感悟内化成本能和直觉，并通过各种方式，大量地输出分享。分享的过程就是知识的内化和自我思考的过程。将庭审感悟分享给谁呢？年轻律师、助理、同行等对刑事庭审感兴趣的人，都是我们潜在的分享对象。通过面对面交流庭审经历，与他人碰撞观点，自然会发现自己的庭审技巧在日积月累间得到了显著提升。此外，随着网络传播越来越便捷，还可以写一些办案的小文章推送到微信公众号等平台，或者在一些平台讲课，分享经验给全国的刑事辩护律师，在与他们的交流中不断地修正完善自己的观点。当然，分享过程中，要谦虚，不可卖弄知识、自以为高明，否则只会适得其反。

在分享感悟之后要及时归类和收集各类反馈，这是一个高效查漏补缺的方式。随着分享的次数不断增加，可以收到各类不同的见解和发现新的问题，从而持续补充原有知识体系中的不足。

五、从更高维度提升综合能力

成为一名顶级发问高手，就好比锻造一把名剑，需要反复打磨和淬火，除了学习上面的知识外，还需要从更高的维度提升综合能力，具体来说，可以从以下四个方面来提高。

一是办理多类型案件。如果缺乏相关案件办理经历，势必会有明显的短板。如果满足于办理贪污贿赂类案件，没有参加过网络犯罪类案件的庭审，突然办理这类案子，可能会无从下手。所以，在执业初期，要想尽一切办法，寻找各种机会参与各类案件的庭审。随着参与次数的增多，会变得自信，不仅不会畏惧庭审，反而逐渐找到享受庭审的感觉，这一改变最主要的原因是见识更广了，内心更自信了。

二是深入了解人性。古人云，“世事洞明皆学问，人情练达即文章”。学习心理学知识，了解人们在压力下可能的反应；通过观察人们的表情、语言和行为，可以发现他们可能隐藏的信息和意图，进而通过问题引导他们揭示真相；学会洞察人情世故，可以在法庭上更加敏锐地嗅察微妙变化的庭审气氛，更加精准地调整发问时机和方式。

三是多接触各行各业的人，了解各个行业的规则。法庭上的发问高手除了精通法庭规则、证据收集程序以及相关法律规定之外，还对各行各业都很熟悉，这与他们的阅历有关。只有不断地开放自己，包容别人，才能走进别人的内心，才能知道对方如何思考，其所处的行业如何运行。在保护自我、把握底线的前提下，广交天下好友，把自己扎根于社会，吸收大地之精华，成为一名洞悉社会的发问高手。

四是广泛涉猎其他领域的知识。在法律的竞技场上，法庭发问是揭示真相、构建案件论点的关键手段。一名辩护律师的发问能力不仅取决于其对法律的深入理解，也在于对政治、经济、文化、心理等多领域知识的掌握和运用。综合运用这些知识，辩护律师可以在发问中融会贯通，更有效地揭示事实、强化辩护策略。比如，平常多看经济、政治方面的书籍，从经济和政治的角度来看待现实中的法律问题。从其他维度看待法律，看问题的意识和视角会开阔很多。

成为一名行业高手是一场漫长而艰辛的旅程，需要付出极大的努力和长期的坚持。通过大量的刻意练习和行动后的反思，可以不断地精进自己的法庭发问技能，最终实现从新手到熟手再到高手的转变。在这个过程中，每一次尝试和反思都是向着高手之路迈进的重要一步。

第二讲 刑事法庭发问的功能

- 法庭发问是说服法官的首道程序
- 法庭发问是自我辩解的最佳时机
- 法庭发问是后续庭审的重要铺垫

我国刑事庭审大致按照五大程序依次推进，分别是法庭调查、法庭辩论、被告人最后陈述、合议庭评议和宣判。其中法庭调查程序又分为三个小程序，分别是讯问/发问程序、出庭作证程序和举证质证程序（出庭作证程序本质上包含在举证质证程序中）。[1] 本书主要阐述法庭发问，对应的就是对被告人的讯问/发问程序和证人的出庭作证程序。

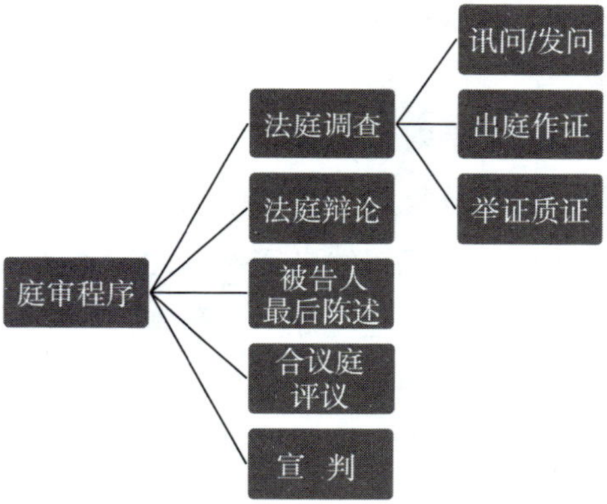

图 2－1　刑事庭审程序

众所周知，法庭发问很重要，那么它到底有什么重要功能？能起到什么作用？笔者认为，法庭发问至少有三项重要功能值得重视。

〔1〕 无论是五大程序还是三个小程序的推进顺序都不是固定不变的。如在法庭辩论阶段，发现新的问题时，则需要重新启动法庭调查。法庭发问、举证、质证也是相互交织推进的。

一、法庭发问是说服法官的首道程序

给被告人定罪，必须经历事实认定与法律评价两个步骤，并且是先进行事实认定，再进行法律评价。

（一）事实认定

事实认定，是依据法律规定的程序和证据规则，对案件事实进行还原的活动。

经过法庭调查、法庭辩论等法定程序，根据法庭认可的证据认定被告人什么时候在哪里干了什么事情，如人是不是他杀的、东西是不是他偷的，这是定罪的重要前提。当然，也要认识到，事实认定并不是对证据的简单拼凑，而是一个复杂的认识、再现过程。在部分复杂的案件中，法官甚至需要运用司法经验和逻辑法则综合认定案件事实。因此，事实认定中既有证据等客观因素，也有司法经验等主观因素，这就要求司法人员秉持公正无私的态度，严谨地对待每一项证据，审慎地综合运用逻辑和经验，才能最大限度地接近案件的真实情况。

（二）法律评价

法律评价，涵盖了程序公正[1]与实体公正[2]两大关键方面，体现了对庭审程序的规范化和实质性要求的综合考量。

经过事实证据调查在法庭、定罪量刑辩论在法庭等庭审实

〔1〕刑事案件庭审需遵循开庭审理、合议庭评议后裁判等原则，确保审判公开、公正，体现合议庭成员共同意志。

〔2〕庭审强调对案件的准确认定和实体法的正确适用，包括标准公正和结果公正。当庭宣判模式有助于实现实体正义，使法官在记忆清晰、无偏私的情况下迅速、准确作出判决。

质化路径，再根据法律规定来评价检察机关提起公诉的行为是不是构成犯罪、构成什么罪、应当适用何种主刑与附加刑、多长刑期合适，最终从法律上对被告人的行为作出认定和处理。

（三）事实认定 vs 法律评价

法官更看重事实认定还是法律评价呢？通常情况下，他们往往更加注重事实认定，因为法律评价必然以事实认定为前提与基础。

1. 从法官的专业性来看

我们的法官都是职业法官，尤其是刑事法官往往流动性不大，一干就是很多年，专业知识丰富，对刑事法律法规和司法解释掌握得娴熟。譬如，一般情况下，受贿金额达 3 万元即构罪，受贿金额超过 20 万元即量刑在有期徒刑 3 年以上，受贿金额超过 300 万元即量刑在有期徒刑 10 年以上，什么情况下是直接受贿、间接受贿，什么情况下认定为利用影响力受贿，刑事法官一清二楚，基本无须担心法律评价出错。如果检察机关起诉的是单笔行贿 100 万元，刑事法官内心需要确信的是这笔 100 万元到底送没送、是谁送的，拿没拿、是谁拿的，是否有请托事项、是否作出承诺或已经提供职务帮助，这些关键细节都要有扎实的证据予以证明，不能出现差错。

就算刑事法官遇到法律定性疑难的案件，他们可以将案件提请合议庭会议、专业法官会议、审委会集体讨论，甚至请示上一级法院，从而解决法律疑难问题，精准适用法律。但是根据司法亲历性原则，法官要亲自经历案件审理的全过程，直接接触和审查各种证据，确保不遗漏任何关键信息。请示和汇报主要限于法律适用的范畴，关于事实证据必须由法官自己负责，不能将事实认定的责任寄托于没有经历案件审理的其他法官，别人是挑不动也不会挑这个担子的。因此，对于事实认定和法律评价，法官最关注的问题往往是事实究竟是怎样的，认定的法律事实是否无限接近客观事实。

2. 从错误后果的严重性来看

经常出庭的辩护律师可能会发现，在法庭发问的时候，法官基本都是认真聆听的，听辩护律师和公诉人问了什么、被告人和证人答了什么，等到控辩双方都问完了，法官如果觉得还没有问到位，便会补充发问。这是法官居中裁判的要求，也是弄清案件事实的必要。但是到了法庭辩论阶段，法官的注意力可能就不那么集中了，有时翻翻手边的卷宗，有时与旁边的审判员或人民陪审员交换意见，还会时不时提醒辩护人发言简明扼要一些，在庭上抓住要点说明即可，详细意见在庭后提交书面辩护词。以上诸多细节表现其实都说明，通过庭前阅卷、法庭调查和法庭发问，法官对案件事实及控辩双方的争议焦点已经基本掌握，只要不出现事实认定错误，从提高庭审效率等角度考虑，法庭辩论时只需控辩双方聚焦重点、言简意赅开展即可。

相较于“法律适用错误”，“事实认定错误”才是最危险的。比如，一些故意杀人案，发生冤假错案的原因几乎都是事实认定错误，判决认定被害人已经被杀了，结果过了几年，“被害人”从外地回来了，把当地人吓了一大跳，这叫亡者归来；判决认定被告人实施了强奸杀人行为，结果过了几年，经DNA比对，发现凶手另有其人，这叫真凶再现。那些在全国影响重大的案件，大多是因为事实认定错误才造成了冤假错案，所以法官对事实认定往往很重视。法庭发问，是刑事庭审中确保司法公正、查明案件事实的关键步骤，是认定事实的重要方式，也是法庭调查的第一道程序，当然重要。

3. 从说服法官的方式来看

控辩双方走上法庭，他们共同的目标都是说服最终的裁决者——法官。如何说服法官接受自己的观点呢？在辩论环节通过洋洋洒洒地发表辩护意见来充分表达观点，达到说服法官的目的，固然是一种方式。但是讲述事实同样可以传达态度、传递观点，可以起到润物细无声、事实胜于雄辩的效果。那么谁来讲述事实的效果最好？是辩护人还是被告人抑或证人？当然是被告人和证人，因为他们才是事实的亲历者。在法庭上，公诉人和辩护人好比引导员，通过发问让被告人、证人充分表述，一步步引导发问对象讲述清楚事实经过。

当然，公诉人和辩护人的目的不同。公诉人通过讯问，“组织一个被告人有罪的故事”，讲述给法官听。不过，公诉人作为人民检察官负有强烈的客观性义务，不仅要指控被告人的罪行，还应当向法庭客观展示被告人无罪、罪轻的情节。辩护人在法庭上发问被告人，也是在“组织一个故事”，只不过是组织一个被告人无罪或者罪轻的故事，其目的就是让法官通过一问一答更充分地了解案情、了解事实，甚至是强化有利于被告人的事实，从而引导法官思维。因此，在通过发问，引导被告人讲述事实的过程中，辩护人应当用尽量清晰的主线、简洁的语言讲述案情，并辅之以客观证据，印证真实性。当法官听完之后，如果产生与辩方立场一致的判断倾向，那么庭审已经成功了一半。

二、法庭发问是自我辩解的最佳时机

自我辩解通常由被告人进行，目的是解释自己的行为，否认指控，或者提供有利于自己的证据。法庭发问时，被告人可以充分陈述本人无罪或罪轻的情节，争取最大限度的从宽处理。

（一）对比其他办案环节

与之前的办案环节相比，法庭发问给了被告人充分的自我辩解机会。被告人在庭审之前，往往经历了较长时间的侦查、审查起诉阶段，他们以前接触的绝大部分的办案人员的办案思维由侦查思维主导，这些人对于不配合侦查、审查起诉的犯罪嫌疑人都会进行批评教育，极少数情况下，也会出现骗供、诱供等法律禁止的非法取证情形。犯罪嫌疑人有时候为自己辩解，反而可能给有的办案人员留下“不老实”的印象，被指出要端正态度。要是犯罪嫌疑人坚持提出辩解，有的公安民警可能让其到检察院去说；到检察院审查起诉阶段，有的检察官又不相信他，可能让其到法庭上去说。所以在庭审之前，有的被告人没有机会充分完整地阐述对自己有利的信息。

等案子到了庭审阶段，控辩审三方都在场，有旁听观众，有庭审直播，有的大案要案还有媒体监督，作为被告人，当然要充分抓住这个时机，作出真实、充分的辩解。

辩护人的任务，就是通过法庭发问，进行专业引导，让被告人对案件事实作出清楚明晰、重点突出的辩解，从而让第一次接触被告人的法官了解辩护立场、辩解理由，并在接下来的审判程序中给予关注。

（二）对比庭审其他环节

被告人在法庭上，在哪个环节说话最有效？往往就是讯问、发问环节，而到了质证和辩论、最后陈述环节，虽然法律也规定被告人享有质证、自我辩护的权利，但是他们因为不精通法律，往往不会行使，或者行使不好享有的权利，阐述的内容没有聚焦重点，看似讲了很多话，但真正对本人定罪量刑有利的信息并不多。这种现象是非常普遍的。

譬如对证据进行质证的时候，法官说，被告人可以对该项证据发表质证意见，于是被告人就开始发言。但是往往刚说两句就被法官打断了，提醒被告人，只要围绕证据的“三性”发表质证意见即可。被告人满头雾水，什么是证据“三性”？法官接着说，就是证据的真实性、合法性、关联性。被告人还是不懂，他不会说、也说不好。最后，被告人只能无奈地表示：“请我的辩护人发表意见。”另外，在法庭上，被告人的质证权实际上是最难保障的，因为被告人并没有阅卷权。庭审前，辩护人最多把案卷的部分内容读给被告人听，但不敢也不能把案卷拿给被告人看；庭审中，公诉人经常“打包”举证、概要举证，被告人根本就不知道证据有什么，那还怎么质证呢？到了辩论环节，由于欠缺法律知识，被告人依然不会有效开展法律论证、法律评价，往往是由其辩护律师帮其辩护。

只有在讯问和发问环节，被告人才真正有话可说，因为都是针对被告人亲历的事实问题向被告人发问，哪些事做过、哪些事没做过、做到什么程度，这些被告人都可以根据实际情况作出回答。如果经过辩护人精心负责的庭前辅导，被告人可能回答得还很有条理，能够全面展现对自己有利的情节。

所以说，发问就是给被告人一个自我辩解的机会，一定要牢牢把握住，珍惜这个机会。

三、法庭发问是后续庭审的重要铺垫

法庭上所有的发问，都不是盲目的，无一例外都是为了给后续的举证质证和发表辩护意见做铺垫与准备，好的发问往往能够收获良好的辩护效果。

（一）法庭发问能够揭示瑕疵证据或非法证据

辩护人通过发问揭示出证据间的矛盾或问题，从而可以为发表质证意见打下坚实的基础。

示例 2－1 哈希值不同导致证据的同一性存疑[1]

辩护律师审查该案的《电子数据鉴定意见书》发现，公

---

〔1〕 参见赖建东：《全流程辩护：思路指引与办案技巧》，法律出版社 2020 年版，第 291－292 页。

安机关远程勘查获得了1张光盘，光盘中有1个“案件电子数据”的压缩文件，公安机关只测算出了该压缩文件的哈希值。鉴定意见的检材是“光盘一张，光盘中包含4个压缩文件、1个Excel文件和2个Word文档，上述数据来源于×××公安局远程勘查”。鉴定机构对作为检材的这7个文件都进行了哈希值提取。但是，这7个文件的哈希值与公安机关侦查获得的压缩文件哈希值都不同。就侦查所得检材的MD5值与鉴定检材的MD5值出现不同的问题，辩护律师当庭向鉴定人发问。

辩护律师：我看到鉴定意见第4页，每个检材文件都有对应的哈希值，你能否解释一下，什么是哈希值？

鉴定人：哈希值是用来校验文件同一性的。

辩护律师：哈希值是电子文件唯一性标识？

鉴定人：是的。

辩护律师：如果哈希值不同，那就说明不是同一个文件？

鉴定人：是的。

辩护律师：鉴定意见显示，存储电子数据的光盘来源于×××公安局的远程勘查，我们也找到了公安机关远程勘查的光盘，但是我们发现这个光盘的哈希值尾号是BE35，但鉴定意见检材的哈希值没有一个尾号是BE35的，你怎么解释？

鉴定人：这个我要解释一下，鉴定意见所列的哈希值，是其中光盘中具体文件的哈希值，你说的光盘的哈希值，指的是光盘里面每个压缩文件包的哈希值，压缩文件包和检材的具体文件，本身就是不同电子文件，因此哈希值是不同的。也就是说，一个是光盘内压缩文件包的哈希值，一个是压缩文件包内具体文件的哈希值，是不同的。

辩护律师： 既然哈希值是电子文件的唯一性标识，在你的整份鉴定意见中，都没有写出压缩文件包的哈希值，法庭如何确定你鉴定的电子文件就是公安机关远程勘查得来的电子文件呢？

鉴定人： 反正我们用的就是公安机关送来的鉴定检材。

辩护人通过发问，明确了一个事实：公安机关提取的是光盘内压缩文件包的哈希值，鉴定人提取的却是压缩文件包内具体文件的哈希值，二者是不可能对应一致的。由此揭示出一个鉴定人无法解释的矛盾，既然没有进行哈希值的唯一性比对，那怎么证明鉴定所使用的检材就是侦查所得的检材呢？完全无法证明。

对于这个鉴定人无法解释的矛盾，又引出了公诉人的回应解释：对于检材哈希值与侦查所得检材哈希值不同的问题，有一个情况也是我们要向法庭特别说明的，当时公安机关将远程勘查所得的 9 个电子文件，压缩成一个文件压缩包放入光盘中。这 9 个电子文件就包括鉴定检材中的 7 个电子文件。远程勘查获得这些电子文件后，公安机关发现其中 2 个电子文件与鉴定事项无关，于是就只将其中的 7 个电子文件拿去鉴定。因此，哈希值不同是有原因的，不能说明就不是同一份文件。

辩护律师在质证时指出，公诉人的说明证明了两点事实：第一，检材文件与侦查所得文件的哈希值确实不同，确实属于两个不同的文件。第二，检材文件从取得到鉴定，被人修改过，侦查所得的文件是一个文件压缩包，之后该文件被人解压，取出了部分文件拿去鉴定。这就充分说明检材文件被人修改过，不是原始文件。文件在被人修改的过程中是否受到污染也存疑。而且，文件没有同一性，送检的 7 个文件是不是公安机关远程勘查所得的电子数据文件，也无法证实。这就属于司法解释中规定的“鉴定对象与送检材料、样本不一致的”情形，鉴定意见不得作为定案的根据。

（二）法庭发问能够为庭审举证奠定良好基础

有些案件，辩护人会开展调查取证工作，在庭前取得一些有利于被告人的证据，通常会在开庭前 5 日提交给法庭，特殊情况下也可以在开庭时提交。律师在发问时应明确目的，谨慎行事，确保发问内容与后来举证质证中提出的问题、提供的证据有联系，从而为庭审举证奠定良好基础。

如在庭审出示证据之前，辩护人可以先问被告人，“这个事情你准确清楚地记得吗？有没有证据？”被告人说有，某年某月某日开过一次党委会会议，这个事是大家集体研究作出的决定，还形成了一份会议记录。就是这样，先让被告人作出回答，让法官心里有个印象：原来还有一个记录，我怎么在卷宗里没看到呢？这份记录在哪里呢？法官心里就有一个疑问和期待。等到举证环节，辩护人出示这份会议记录的时候，指出这就是刚才被告人提到的那份会议记录，大家就会觉得顺理成章，衔接得很自然。如果什么铺垫都不做，突然拿出来一份会议记录，就会显得很生硬、很突兀。

（三）法庭发问能够引导出被告人的合理辩解

在法庭调查中，被告人往往有机会通过发问环节充分陈述自己的理由和辩解，这有助于将法官的内心天平向被告人倾斜，从而增强法官对后续辩护意见的认同感。

| **示例 2-2** | 连贯发问还原模糊事实

2021 年，国家工作人员乙安排私人企业主丙为其出资 400 万元购买甲公司 50 万股股份并代持，检察机关起诉乙构成受贿罪。

辩护律师： 被告人乙，关于起诉书指控的受贿问题，辩护人问你几个问题，请你如实向法庭陈述。

被告人乙： 好的。

辩护律师： 在甲公司准备上市的时候，你有没有投资入股该公司？

被告人乙： 有的。2021 年 3 月，甲公司进行第一轮融资，当时公司老总说让我们赚点钱，答应给我和丙每人 50 万股的份额，8 元一股，每人要出资 400 万元。我和丙都认为一旦公司将来上市，手里的股份肯定能赚钱，于是就约好一起投钱入股，但由于我是领导干部不能投资入股，于是我就让丙代持入股。

辩护律师： 那你实际出资了 400 万元没有？

被告人乙： 没有。

辩护律师：为什么？

被告人乙：到了签代持协议的时候，我跟丙提出人多眼杂，怕投资代持的事情被别人知道，不想入股。丙说："入这个股不要紧，不会亏，赚钱的。"我说："那这个钱你帮我出。"丙就答应了。

辩护律师：你让他帮你出这个钱是什么意思？

被告人乙：按道理应该由我自己拿出400万元给丙用于购买50万股甲公司的股份，但实际情况是我不用出这笔钱，丙来帮我把这笔钱出了。[1]

辩护律师：丙实际帮你出了这笔400万元吗？

被告人乙：出了。

辩护律师：你为什么自己没有出这笔400万元而是让丙帮你出？[2]

被告人乙：说简单一点，有两个原因：一是不想代持的事情被他人知道，想规避风险；二是我想空手套白狼，借用别人的资金来赚钱。

辩护律师：关于这笔400万元出资款以及将来的收益，你和丙之间有约定吗？

被告人乙：有的。当时丙跟我说400万元本金由他来出，但400万元的银行利息和利润的个人所得税，到时候要从给我的收益中去除。我答应了。

辩护律师：你今天讲的这个情况和在监委时讲的是一致的

[1] 这个回答不清晰，同义反复，等于没回答。

[2] 鉴于被告人之前的回答不明确，辩护人特地再次发问。

吗？有没有翻供？[1]

被告人乙：没有翻供，我原来在监委就是这样讲的，他们也是这样给我记的笔录。

辩护律师：好的。甲公司后来上市没有？

被告人乙：没有。

辩护律师：400 万元本金和收益你拿到没有？

被告人乙：没有。

辩护律师：丙拿到没有？

被告人乙：在 2023 年 7 月初，丙将以他名义持有的一共 100 万股全部提前赎回了，赎回总价是 1000 万元左右，钱都打到了丙的账户，其中也包含了丙帮我代持的这 50 万股。

辩护律师：丙将帮你代持的 400 万元本金和收益给了你没有？

被告人乙：没有。

辩护律师：为什么没给你？

被告人乙：我在 2023 年 7 月中旬被监委留置了，当时丙还没来得及将应该给我的钱打给我。就算我没被留置，丙也只会给我收益部分，400 万元本金是不会给我的，因为这是我们早就约定好的，他只会将扣除银行利息和个人所得税之后的收益部分给我。

辩护律师：丙有没有跟你讲过，这 400 万元就当送给你了？

〔1〕 明知而故问。

被告人乙：从来没有讲过这个话，这是不可能的。我们的约定就是分给我股份的收益。

辩护律师：你之前在监委的笔录里讲："我内心不想出这400万元，想空手套白狼，从中受益，我受益的不仅是400万元股本金，还有50万股份将来的收益，企业上市肯定有收益。"这里面"我受益的不仅是400万元股本金"这句话到底是什么意思？

被告人乙：我的本意就是股份算我的，但本金是丙出的，将来公司上市了本金肯定要退给他，也就是他不需要也不会将400万元的股本金给我，我只是占用丙的资金来为自己获取上市后的收益，从来没想过也没提过这400万元股本金归我。

本示例中，辩护律师通过一系列发问，澄清了被告人在调查笔录中不太清晰的表述，层层深入地阐述了关于犯罪合意、"股本金"和"收益"的归属、涉案金额等问题，逐渐将被告人的辩解清晰完整地呈现给法庭，为后续在辩论环节发表"被告人实施的实际上是借鸡生蛋的行为，对400万元本金不具有非法占有的主观故意"的辩护意见奠定了基础。

第三讲 刑事法庭发问的重点

- 起诉书已表述的有利事实——不必问
- 起诉书已表述的不利事实——问争议
- 起诉书未表述的有利事实——必须问

在法庭上，辩护人肯定不能事无巨细，什么都问，更不能不分子丑寅卯，无目的地乱问。进行法庭发问，首先要明确法庭发问的重点，也就是解决问什么的问题。

法庭发问应当紧紧围绕与定罪量刑有关的争议事实。发问的目的是让争议事实得到确认，因此控辩双方都认可的问题，辩护人就不需要再拎出来发问，问得越多越杂乱，反而会稀释主要争点，从而淹没辩护目标。

那么，如何确定法庭发问的重点呢？从微观上说，每个案件都各有不同，就如同天底下没有完全相同的两片树叶。但是从宏观上讲，每个案件又都有共同点，譬如都有起诉书。

所以，确定法庭发问的重点，最简单最直接的抓手就是起诉书，因为起诉书是集中体现定罪量刑事实的文书。到了法庭上，在法庭调查之前，法官都要问被告人一句话："被告人某某，你对起诉书指控你的犯罪事实是否有异议？"因此，辩护人应该紧紧围绕起诉书来确定发问重点。涉案事实分为起诉书已表述的有利事实、已表述的不利事实和未表述的有利事实，辩护人发问的重点是最大限度地挖掘有利事实。

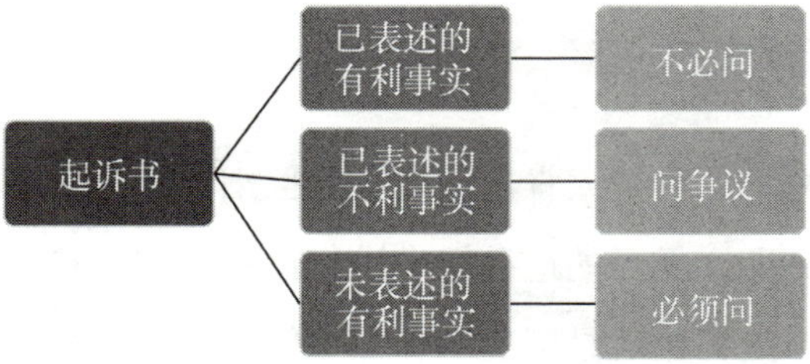

图 3－1　起诉书描述的事实

一、起诉书已表述的有利事实——不必问

比如，起诉书明明已经清楚地表述了被告人在案发以后自动投案、如实供述自己的罪行、从犯、被害人有重大过错等从轻、减轻情节，辩护人对这些从宽情节肯定是没有异议的，但辩护人还是不厌其烦、完完整整地把整个过程问一遍。这显然没有必要，多此一举，既浪费了宝贵的审判时间，又有可能使本来没争议的有利情节节外生枝。

对有利情节有疑惑时，一般由谁来发问呢？经常由法官来发问。虽然起诉书已经认定了自首，卷宗中也有到案经过材料，但有些谨慎的法官还是不放心，会详细地问一遍被告人到案经过，以确认自首情节确实成立。

二、起诉书已表述的不利事实——问争议

辩护人不同于公诉人，没有指控犯罪的责任和义务，对被告人不利的事实，又是没争议的，没必要让被告人再讲一遍。如果辩护人重复发问无争议的不利事实，只会加深法官对被告人的不利印象。

那么辩护人应当问什么呢？辩护人要问的是有争议的不利事实：这个事情明明不是被告人干的，起诉书却说是被告人干的；或者被告人在共同犯罪行为中是从犯角色，起诉书却说被告人是主犯；或者被告人没有逃逸的主观故意，起诉书描述被告人是肇事逃逸。这些就是有争议的不利事实，辩护人要通过发问将实际情况呈现给法庭，以引起法官的重视和注意。

| **示例 3 -1** | 确定寻衅滋事案中被告人的主从犯身份

辩护律师：事发时，你们在做什么？

被告人甲：我们在一起吃饭喝酒。

辩护律师：是谁组织你们一起吃饭喝酒的？

被告人甲：当天是我的生日，我就邀请了几个好朋友跟我一起过生日，大家一起聚聚，喝点儿酒。

辩护律师：那又怎么会与别人发生冲突呢？

被告人甲：我们喝酒的时候，乙与隔壁桌的一个人发生了口角，吵着吵着还提起了啤酒瓶准备干仗，我见状就上前劝架，不让双方打在一起。但是不知道是对方的哪个人用酒瓶砸了我的脑袋，我的朋友也跟对方扭打在一起，我十分生气，就动手打了对方一拳。[1]

本示例中，被告人甲既不是事端的挑起者，也不是殴打行为的组织者，其参与斗殴的主要原因是对方先动手打了自己，

〔1〕 辩护律师通过发问被告人的客观行为特别是一些细节，呈现了被告人寻衅滋事的原因、动机等，其在犯罪行为中的角色定位自然清晰。

是参与者角色，因此不宜将其认定为主犯，辩护人应将参与事端的过程问细、问清。

三、起诉书未表述的有利事实——必须问

起诉书未表述的有利事实主要指没有表述清楚或者完全没有表述，可以分为三种情形。

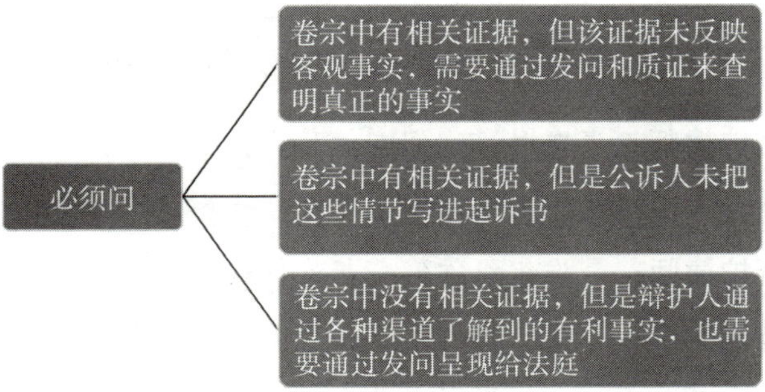

图 3－2　庭审中必须问的起诉书未表述的有利事实

（一）证据未反映客观有利事实

卷宗中有相关证据，但该证据未反映客观事实，辩护人就需要通过发问和质证来查明真正的事实。

示例 3－2　通过发问查明被告人的自首情节

某起刑事案件中，有两名被告人，在主犯被取保候审后，辩护人建议他打电话劝说在逃的从犯主动来投案。辩护人的辩护思路是给被告人提供一条多方共赢的路径选择，主犯可以因此获得立功表现，从犯可以取得自首表现，都可以获得从轻处

罚，同时还帮助司法机关节约了抓捕的司法资源。

后来，这名主犯的确按照辩护人的建议去操作，从犯主动投案。但是到了审查起诉阶段，辩护人阅卷时发现，公安机关制作的《案发经过》和讯问笔录只载明这名从犯主动来派出所投案，却没有载明从犯是经过主犯做思想工作后才来投案的事实。辩护人把该情况跟检察机关进行了沟通和交流，提请他们督促公安机关补证。但是检察机关没有采纳，认为补证意义不大，认为就算是主犯劝说从犯来自首的，也不能认定立功，因为司法解释中只规定了“协助司法机关抓捕同案犯的，应当认定为有立功表现”。该主犯只是劝说同案犯投案，不是“协助抓捕”，不符合规定，所以不能认定立功。

辩护人不认同检察机关的意见，但在审查起诉阶段没办法改变检察机关的观点。

在法庭上，辩护人首先对两名被告人进行了详细发问，向法庭清晰地再现了双方是如何电话联系的，主犯是如何做思想工作的，从犯是如何思想转变的，最后从犯是如何到公安机关投案的，这样先引起法官的注意，然后在质证时指出那份《案发经过》以及讯问笔录遗漏了以上重要事实，未能客观反映真实情况，最后在辩论时指出：规劝同案犯自首和协助公安机关抓获同案犯，二者效果相同，且前者更加节约司法成本，依据“举重以明轻”原则，应当认定立功。

很庆幸的是，法官经验丰富，当庭就建议公诉人在庭后找公安机关核实补证，最后在判决中认定了主犯的立功情节。两名被告人都获得了缓刑的结果，实现了双赢。

（二）有利证据未体现于起诉书

卷宗中有相关证据，但是公诉人未必把这些有利情节都写进起诉书中。这种情况很常见，因为起诉书是很精练的，不可能“萝卜青菜一大堆都往篮子里装”，但是辩护人有必要问出这些对被告人有利的情节。

｜**示例 3－3**｜　通过发问查明起诉书遗漏的有利情节

如犯意的提起，是别的同案犯而不是我方当事人提起的，辩护人要通过发问向法庭揭示谁是召集人、谁是提出建议或作出决定的、谁是安排任务的……协助法庭查明犯意的形成过程；又如，要问出来分赃数额、犯罪所得的总金额，共犯之间对犯罪所得的分配是如何约定的，辩护人的当事人分的少、别人分的多；再如，被害人对犯罪行为的发生也是有过错的，有严重刺激被告人的行为，这些要问出来。类似这些量刑酌定从轻的情节，虽然在卷宗中已经有证据了，但是在法庭上问出来对被告人有好处，可以起到提示法庭注意的作用。

（三）辩护人发现新增有利证据

卷宗中没有相关证据，但是辩护人通过各种渠道了解到的有利事实，也需要通过发问呈现给法庭。

｜**示例 3－4**｜　通过调查取证＋发问查明自首情节

辩护人代理的一起贷款诈骗案，涉案金额特别巨大，达

1.8亿元，被告人被判处无期徒刑的可能性极大。辩护人通过辩护否定了1200万元指控金额，但大家都知道，相对于总金额来说，这属于“冰山一角”，对最终量刑起不到实质性的改变作用，这个案子中对量刑真正起到关键作用的是自首情节的追加认定，最终使被告人避免了无期徒刑的结果。在法庭上，辩护人正是通过发问逐步实现辩护目标的。

从公安机关制作的证据材料来看，它只反映出被告人所在单位报警并将其押送到派出所，这就属于被动到案，显然不成立自首。但是，辩护人通过庭前会见被告人，获知一个重要信息，就是被告人曾主动约单位负责人到茶室讲清了自己实施贷款诈骗的主要事实，之后单位才控制了他并报警押送至派出所。

此时，辩护人脑海中马上闪过一条司法解释，向单位负责人主动投案也可以视为自动投案。于是辩护人马上与司法机关沟通进行补证，要求找到单位负责人取证。

这时候可能有人会有疑问，为什么辩护人自己不去取证啊？不是有一句话吗？不会取证的律师不是好律师。倒不是辩护人害怕自己取证有风险，而是因为相较于辩护人自己取证，在法庭上，司法机关取得的证言在法官心目中更容易被信任和接受。

所以，在有可能的情况下，辩护人要优先沟通司法机关去取证。等这个案子补证完成之后，到了法庭上，辩护人首先通过发问，把这个后发现的情节详细展示给法庭，引起法官的重视，然后再在举证环节申请出示补证的单位负责人的证言，由此就通过法庭调查确认了这一事实，那么被告人就有了自首情节，从而最终获得了从轻处罚，被判处 15 年有期徒刑。

第四讲 刑事法庭发问的八个禁区

- 禁区一——诱导性发问
- 禁区二——误导性发问
- 禁区三——无关性发问
- 禁区四——重复性发问
- 禁区五——意见性发问
- 禁区六——假设性发问
- 禁区七——对质性发问
- 禁区八——违法性发问

法庭发问是刑事庭审的必经环节，发问质量直接关系辩护效果，法庭发问能力也因此成为检验辩护律师业务能力的“试金石”。专业是刑事辩护律师永恒的底色，只有过硬的功底才能让刑事辩护律师在法庭上尽最大可能保障当事人的权益。但是，我们对刑事辩护律师队伍也应当有一个清晰、清醒的认识，由于缺乏经验、缺少专业培训，不少刑事辩护律师在法庭上经常出现发问失误，从而大大影响出庭的效果。

| **示例 4－1** | 提示性发问被法庭制止

故意杀人案的法庭发问。公诉机关指控被告人先将被害人打伤，然后用胶带把被害人的手脚牢牢捆住，扔在汽车后座上一天一夜，导致被害人死亡。辩护人试图证明被告人并没有杀人故意，于是围绕这个辩护目标，精心设计了问题向被告人发问。辩护人的想法是好的，但是发问方式并不恰当，结果连续被审判长打断和提醒注意发问方式。

辩护人：你刚离开饭店的时候是 2017 年 12 月 31 日……然后就是下午的时候，你把那个胶带给他，用那个小锯……就是把那个胶带扯掉之后，你就回家睡觉了。那么，你要是想害他的话，为什么不在 12 月 31 日半夜去把……

审判长：辩护人，注意你的发问方式不得有提示性和诱导性。

辩护人：哦，好的。就是说，你去抛尸为什么不在半夜去抛尸，那样的话不是更隐秘吗？为什么要等到……

审判长： 辩护人，本法庭再次提醒您不得有提示性和诱导性的发问。

这是一个不了解发问规则而导致法庭发问“翻车”的鲜活典型示例。辩护人的问题带有明显的提示性，请注意辩护人的问法：“你要是想害他的话，为什么不在半夜干嘛干嘛呢？”这明显就是在试图提醒和诱导被告人回答：“对啊，我没有想害他啊，否则我干嘛不在半夜动手呢？这样更不容易被发现啊！”

在法庭上是绝对不能这样问的。你可以这样发问：“为什么你选择在白天动手？”或者问：“为什么你选择在白天而不是半夜动手？”这样发问直截了当，没有暗示和诱导，任何人都挑不出毛病。不要多此一举说“你要是想害他的话”，就多这半句，发问就违规了。所以，刑事辩护律师要想提高自己的发问能力，先不要急着去学习那些高深精妙的发问谋略和发问技巧，欲速则不达，而是需要先踏踏实实地吃透规则，搞懂规则，避免犯错。只要不犯低级错误，刑事辩护律师就至少可以轻松应对 80% 的庭审。

刑事庭审中，常见的违反法庭发问规则的情形有八类，分别是诱导性发问、误导性发问、无关性发问、重复性发问、意见性发问、假设性发问、对质性发问和违法性发问。

一、禁区一——诱导性发问

对于“诱导性发问”这个名词，大家都耳熟能详，但是对于诱导性发问的核心内涵，掌握的恐怕不多。这种发问方式最初来源于英美法庭上的引导式发问。下面通过一个发生在美国的真实案例，原汁原味地了解诱导性发问。

示例 4-2 诱导性发问——里滕豪斯案

2020 年，年仅 17 岁的里滕豪斯一手制造了美国版的正当防卫杀人案，该案的知名度不亚于我国的“昆山龙哥被反杀案”。2020 年 8 月，有几名警察在处理一桩家庭纠纷的过程中，从一名黑人的背后连开 7 枪，人没打死，但是把人打成终身瘫痪了。为了抗议警察的暴力执法，全美各地爆发了游行示威和骚乱，很多商店被打砸抢。此时，一些美国公民看不下去了，便自发组织起来去保护这些商店，里滕豪斯就是其中的一位热血青年，当时他带着一杆长枪来到现场帮助维持秩序，结果引起部分游行示威人群的不满。由于认为里滕豪斯坏了他们的好事，其中有几个人就开始追打他，在逃跑过程中，里滕豪斯用携带的步枪当场打死了 2 人、重伤了 1 人。

通过观看里滕豪斯开枪的视频,[1] 可以发现当时他已经击毙了 1 名追击者，但是后面还有人追他，甚至试图抢夺他手中的步枪，在这种情况下，里滕豪斯又开了两枪，打死 1 名、重伤 1 名。

---

〔1〕参见《基诺沙枪击案里滕豪斯案件分析第一集丨里滕豪斯到底是不是正当防卫?》，载哔哩哔哩 2021 年 12 月 12 日，https://www.bilibili.com/video/BV11S4y1D7DL/? spm_ id_ from = 333.999.0.0&vd_ source = c72e5df5500ea702b722ea2b738e4218。

后来里滕豪斯被起诉到法院，被指控5项重罪、2项轻罪。里滕豪斯坚决不认罪，他辩称自己是在生命受到紧迫威胁的情况下被迫开枪自卫。在法庭上，里滕豪斯的辩护律师为了证明这一点，对本案幸存的那名被枪打伤的被害人克鲁伊茨进行了强有力的交叉询问。[1]

以下节选法庭发问视频[2]中的两分钟片段，一同见证辩护律师是如何进行发问的。

辩护律师：当时你正在接近坐在地上的里滕豪斯，对不对？

克鲁伊茨（受伤当事人）：是的，没错。

辩护律师：你的右手向前移动，并且拿着枪向下，你的双手已经不再举起了，那把枪正在朝向里滕豪斯，对不对？我给你看一张图片，没准会有帮助。克鲁伊茨先生，我给你展示的第67号图片，图片上的人是你，没错吧？

克鲁伊茨：没错。

辩护律师（指着图片上的里滕豪斯）：好的，那个是不是里滕豪斯？

克鲁伊茨：是他。

---

〔1〕 这段询问的案件现场背景是：里滕豪斯被人绊倒后，有人上去抢夺他的枪，他坐在地上开了一枪打死了夺枪人。此时，正在上前的克鲁伊茨迅速举起了双手，但很快又用自己手中的枪指向仍坐在地上的里滕豪斯，就在这一刹那，里滕豪斯又开了一枪，击中了克鲁伊茨的右臂。

〔2〕 参见《基诺沙枪击案里滕豪斯案件分析第二集丨里滕豪斯庭审时都发生了哪些事?》，载哔哩哔哩2021年12月14日，https：//www. bilibili. com/video/BV1ia411r7hC/? spm_ id_ from = 333. 999. 0. 0&vd_ source = c72e5df5500ea702b722ea2b738e4218。

辩护律师：好的。现在你同不同意你的枪是对着里滕豪斯的？

克鲁伊茨：是的。

辩护律师：好的。当你的枪对着他的时候，他才对你开的枪，对不对？

克鲁伊茨（先是否认）：不对。

辩护律师（指着图片上的克鲁伊茨）：先生，我不想这样，这里你的手臂是不是被枪打了？

克鲁伊茨：对，这是我的肱二头肌被打爆了。

辩护律师：在胳膊被打爆时，你用枪指着里滕豪斯？对不对？

克鲁伊茨：没错。

辩护律师：好的，所以，当你站在3—5英尺远，双手高举时，他没开枪，对不对？

克鲁伊茨：没错。

辩护律师：一直到你用枪指着他，向他逼近时，他才开的枪，对不对？

克鲁伊茨（最终承认）：没错。

上述辩护律师的这种发问方式就是诱导性发问，当然更准确的称谓是引导式发问，这种发问方式攻击性非常强，给对方造成的压力非常大，相当于指着鼻子对证人说："这就是你干的，对不对？""是你先举枪之后，里滕豪斯才对你开枪的，你同意吗？"这种步步紧逼的发问，在法庭上的效果很好，取得了巨大的成功。那么，这样的发问方式如果用在我国的法庭上，会是什么结果呢？对此，我国和英美国家的法律规定是不一样的。

表4－1　诱导性发问在英美国家及我国的不同规定

是否可以使用诱导性问题		
	主询问 （我方证人）	反询问 （对方证人）
英美法庭	×	√
我国法庭	×	×

在英美法庭的主询问环节，也就是向本方证人发问时，不可以诱导。因为证人对来自本方的提问，一般会热心配合，如果对他使用诱导性发问，证人很容易因接受暗示而提供虚假陈述。在反询问环节，也就是向对方证人发问时，可以诱导，通过这种方式更能验证证言的真伪。俗话说：真金不怕火炼。证人既然在法庭上作证，就应该经得起对方各种刁钻的提问，对方给你设置“陷阱”而没有钻进去，你的证言才是经得起考验的。

在我国的法庭上，根据现行法律的规定，不管是主询问还是反询问，一律禁止问诱导性问题。[1] 对此，学术界和实务界曾呼吁要借鉴其他法域国家交叉询问制度中的一些做法，譬

〔1〕参见《最高人民法院关于适用〈中华人民共和国刑事诉讼法〉的解释》第261条规定：“向证人发问应当遵循以下规则：（一）发问的内容应当与本案事实有关；（二）不得以诱导方式发问；（三）不得威胁证人；（四）不得损害证人的人格尊严。对被告人、被害人、附带民事诉讼当事人、鉴定人、有专门知识的人、调查人员、侦查人员或者其他人员的讯问、发问，适用前款规定。”

如在反询问环节可以引入诱导性发问制度。我们的立法者和司法者已经注意到了这些呼声。2017 年，最高人民法院出台《人民法院办理刑事案件第一审普通程序法庭调查规程（试行）》时，曾经讨论过这个问题，但认为时机还不够成熟，司法实践中也缺乏必要的经验，所以没有作出改变。

既然我国法律对诱导性发问作了禁止性规定，我们就有必要搞清楚什么是诱导性发问，对诱导性发问进行有效识别，避免在法庭上犯错。

诱导性发问是指发问者在问题中暗示或预设了期望得到的答案，或者在问题中包含了对争议事实的假定，发问者的目的在于让回答者给出其预设的答案，并且被提问者也能够听出照此回答的倾向。[1]

判断一个发问是不是诱导性发问，有两个关键指标。第一，从形式上看，问题中通常隐含了答案，相当于把答案送到被提问者的嘴边，希望他说出来，不需要他提供什么新信息，只要他证实一下即可，可以把它想象为是递话，递话到人家嘴边；第二，从实质上看，我们能够从语气语调中听出发问者的暗示倾向。

下面是诱导性发问的几种主要表现形式。

（一）先陈述再发问

先陈述一个事实，再以“是吗”“不是吗”“是不是”

〔1〕本讲开篇提及的中外庭审案例都运用了诱导性发问方式，均将答案预设在发问之中。

“对不对”“你同意吗”等方式询问该事实是否存在。

你打他了，是吗?

你当时不想去抢劫，是李四威逼你们去的，是不是?

他到你家送你10万元钱，但你没有收下，是不是?

这种发问结构，已经提示了回答的倾向，属于诱导性问题。

我们再通过一个夸张的笑话来加深对诱导性问题的理解。

｜示例4-3｜ 诱导性发问试图告诉被告人“答案”

辩护人向当事人张三发问：“抢劫银行的犯意不是你提起的是不是?”

被审判长制止后，又问：“你当时不想去抢劫，是李四威逼你们去的，是不是?”

审判长再次制止，并警告辩护人注意发问方式。

该辩护人顿了一顿，问：“谁看门、谁撬门、谁砍人、谁抢钱，不是你分工的，是不是?”

审判长勃然大怒，要求书记员不要将张三的回答记录在案。

辩护人继续发问：“正准备抢时，你说要解手趁机溜了，是不是?”

法庭上发出哄堂大笑。

本示例中，辩护人试图从不同角度发问，引出其当事人没有抢劫犯意甚至没有参与抢劫这一预设答案，但提问方式不对，均被审判长制止，极大地影响了发问效果。

（二）反问语气发问

这类发问方式由两部分组成：事实断言 + 反问语气。提问者通过反问语气，希望对方作出否定的回答，属于诱导性问题。

难道你没有打他吗？

你打他了，难道不是吗？

他到你家送你 10 万元钱，难道你收了吗？

这笔钱你能贪污得了吗？

（三）反复不断发问

反复不断地发问同一个问题，诱使回答者觉得之前的回答是错误的而改变答案，直到得到想要的答案为止。

那个小偷穿什么颜色的衣服？

黄色衣服。

确定吗？再给你一次机会，好好想想。

我记得是黄色衣服。

我建议你再考虑一下？

明明对方已经给出了回答，却还是反复发问，明显是诱使对方改变答案。

当然，庭审中，辩护人针对某一事实或证据，多次向证人、鉴定人或相关人员提出问题，只要辩护人的发问目的不是诱导被问者，而是揭露事实情况，此时的不断发问是为庭审允许的。

（四）提供有限选项

提供有限的选项而没有足够的解释，其目的在于通过限制答案的范围从而引导被问者作出对己方有利的回答。然而，回答者可能不接受所有选项，这相当于是一种强制选择。

你喜欢日剧还是韩剧？

在现场动手打人的是张三还是李四？

在日常生活中，这种方式的诱导发问也很常见，大家体会一下以下例子是不是确实会起到诱导的效果。

一条马路的南北两边，分别有一家卖煎饼的摊位，奇怪的是，尽管每天卖出的煎饼数量两家差不多，但是南边这家摊位每天鸡蛋的销售数量总是比北边那家多，这是什么原因呢？经过人们的仔细观察，发现原因仅仅在于简单的一句话。

北边的老板，总是老老实实地问顾客："煎饼里要加鸡蛋吗？"那么顾客要么选择加，要么选择不加。

而南边的老板脑子比较活，他每次都是直接问顾客："你要加一个蛋还是两个蛋？"

大家注意到没有，南边摊位老板根本不给你不加蛋的选项，如果你是顾客，是不是会下意识地选择要么加一个蛋、要么加两个蛋呢？这是一种常见的销售话术。

（五）提供失衡选项

在选择性的问题中，有一个选项是具体清晰的，而另一个则是含糊不清的。

你看到的那个人穿蓝色西服还是其他什么衣服？

你看到的那个人是身材高大健壮还是其他什么样子？

这种用语表明那个具体清晰的选项是提问者希望得到的答案，显然具有诱导性。与之相对，当一个问题的两个选项是均衡的，它就不具有诱导性。比如：

水是热的还是冷的？

那人是高个子还是矮个子？

如果发问事项通过两个或多个选项仍不能覆盖所有的选项，可以尝试将问题分解成多个部分，以便引导被问对象客观地回答问题。比如，刑事辩护律师发问证人，以确认被告人当天所穿衣服的颜色。如果问被告人当天穿的是黑色衣服还是什么颜色衣服，该发问方式就属于提供失衡选项。刑事辩护律师可以将该问题拆分成如下多个问题：被告人当天穿的是什么颜色的衣服？如果被问对象不能准确回答，可以继续问。是深色还是浅色的衣服？确认其中一个选项之后，刑事辩护律师可以继续在深色或浅色的颜色范围内提出选项供被问对象选择。

（六）不当引申归纳

针对被提问者的回答，进行不当的引申或归纳，甚至超出或歪曲它的原意，然后再次向对方发问进行确认。例如，当证人或被告人的回答含糊不清时，公诉人发问：“你刚刚说的意思是不是因为被告人勒索你才送钱给他的？”“你是不是想说这件事是第一被告人指使你们干的?”这也属于诱导性问题，证人或被告人容易被带偏。

示例4-4 辩护人发问被告人有关电子数据的问题

辩护人： 涉案这4台设备是不是就是缓存服务器?

被告人： 对，对。

辩护人： 缓存服务器内存储的文件，它是电子数据形式的还是视频形式的?

被告人： 电子数据。

辩护人： 是101010的这样电子数据形式吗？计算机语言?

被告人： 对，是计算机语言的，而且，我们在原域名上还做了标识，叫这个文件为data文件，而不是叫原来的什么什么。

辩护人： 也就是说，是不可能通过肉眼直接判断它现在是什么东西?

被告人： 不可能。

辩护人： 不可能，也就意味着这4台服务器的维修管理人员也是无法判断这个里面视频的内容的?

被告人： 对。

审判长： 辩护人，请注意你的发问方式。

辩护人： 好的好的。

在这段发问中，辩护人针对被告人的回答，作了进一步的理解和推测，然后再让被告人确认，等于就是暗示和诱导。法官发现了这种发问方式的不妥，所以提醒一下，辩护人也马上接受了提醒。所谓高手过招，往往点到为止。

这段发问也提示辩护人，在法庭上由于被告人表达不是很清晰等原因，辩护人往往会帮他进行归纳甚至引申，这是经常出现和难以避免的，但是必须把握好度，不能明显越界，一旦被法庭打断或制止，应及时改变发问方式。

反问语气发问与先陈述再发问方式类似，从句式结构和语气上就可以判断出是否属于诱导性发问。另外四种发问方式，听上去不以为它是诱导性发问，但又总会觉得哪里不对。无论何种诱导性发问方式都是大同小异的，最重要的还是要从实质上把握问话是不是有暗示和提示，如果有，就属于诱导性发问。

二、禁区二——误导性发问

误导性发问是指发问者在庭审过程中，故意发问缺乏事实基础的问题，企图误导对方在不经意间承认该争议事实。误导性发问和诱导性发问的适用性有区别，诱导性发问在英美法庭上的反询问中是被允许的，但是误导性发问不管在哪里的法庭上，都是被禁止的。

最典型、最常见的误导性发问就是先假定前提再发问，即“争议事实镶嵌于问题之中”。也就是说，将尚有争议的还没确定的事实假定为已经存在的事实进行发问，被发问人无论如何回答，选择回答本身就等于是对尚有争议事实的确认。简单地说就是，把还没有被证实的事作为发问的前提条件，然后向对方发问，企图让对方默认这一事实。

示例 4 –5 日常生活中的误导性发问

问“今天你又旷课了吗?”，如果回答了“是”，等于承认自己以前也旷课了。

示例 4 –6 正式交流场合中的误导性发问

《法律名家讲堂》栏目向某大律师发出了真诚的邀请：“某律师，您作为一位全国知名的刑辩大律师，本周末能否给大家授一堂课?”

某律师答应得很爽快：“好，可以。”

这一问一答没有任何问题。

假如《法律名家讲堂》栏目也向我发出邀请：“孙律师，您作为一位全国知名的刑事辩护大律师，周末能否给大家授一堂课?”

同样的一个邀请，我就没法接话了。因为这个发问中隐含了一个前提，即我是一位全国知名的刑事辩护大律师，但实际上这根本不是事实，我与刑事辩护大律师相距甚远，更谈不上全国知名。所以这个问题带有误导性，一旦回答，无论是接受邀请还是拒绝邀请，都意味着我默认了自己是全国知名大律师，这不就成了“顺杆就爬”、大言不惭吗?

示例 4 –7 辩护人发问侦查人员非法取证问题

辩护人：甲警官，您是否知道“老虎凳”?

警察： 知道。

辩护人： 你们买的“老虎凳”多少钱一台？

公诉人： 反对辩护人使用诱导性问题[1]，什么叫你们买的？你应该问他有没有，而不是“你们买的”。

审判长： 换一个问法。

公诉人： 辩护人假设了前提。

辩护人： 好，我换一个问法，甲警官，你们的讯问场所有几台“老虎凳”？

公诉人： 反对。

审判长： 如果你再这样坚持问，我就打断你发问了。

辩护人： 好，我再换一种方式问，你们在办理某案件当中用过“老虎凳”吗？

警察： 没有。

这段发问中，辩护人几次试图给警察下套挖坑，但是公诉人的反应非常快，在警察回答之前就及时反对，从而打断了发问。大家要注意，误导性发问是一种指东打西、暗藏杀机的问法，稍不留神就很容易跌入陷阱。

三、禁区三——无关性发问

法庭发问，重要功能在于帮助法庭查明事实。发问的问题应当与案件事实存在关联性，不能随心所欲，想到哪儿问到哪儿。

---

〔1〕 准确地说，这是一个误导性问题，此处系公诉人口误。

示例4-8 辩护人发问，试图质疑证人可信度

辩护人：你是哪一年出生的？

证人：1962年。

辩护人：上过学吗？

证人：上过。

辩护人：文化程度？

证人：小学、初中都上过。

公诉人：反对。刚才他哪年出生早就说过了，辩护人不要一上来就问重复的问题。

辩护人：审判长，我解释一下。我是问了一个重复的问题，我就是想确认一下。他刚才在签证人保证书的时候宣读了保证书的内容，但是他其中有一个字念错了，所以我对他的文化程度表示怀疑。如果字都不认识，那这个保证书宣读了对他还有没有约束力呢？所以，我要问一下这个问题。

审判长：请辩护人发问尽量不要重复。

辩护人：上过大学吗？

证人：上过。

辩护人：在哪里上的？

证人：在家乡。

辩护人：最高学历是什么？

证人：硕士。

辩护人：是脱产的吗？

证人：兼职的。

辩护人：走读的对吗？

证人：对。

辩护人：你是共产党员吗？

证人：不是。

辩护人：你曾经申请加入过中国共产党吗？

证人：没有。

辩护人：有无加入过任何党派？

证人：没有。

公诉人：反对。这个与案件无关。

辩护人：你有宗教信仰吗？

证人：没有。

辩护人：你什么都不信？

证人：也不等于什么都不信。我相信社会主义，相信共产党。

公诉人：发问阶段应围绕案件事实来问，不应纠缠于证人有无信仰。

辩护人：为什么作出不同证言？

证人：我已经说了是因为签了保证书，我这次来是为了把事实说清楚。

辩护人：你上次也签了，为何说了与事实相违背的事情呢？

证人：（沉默）

辩护人："人无信不立"你听说过吗？

证人：这个……（沉默）

辩护人：证人要向法庭如实作证，你不是共产党员，又无任何宗教信仰，就凭着证人保证书，我们怎么相信你说的是真的？我还是要回到这些问题上。证人，你有子女吗？

证人：这个没有关系。

辩护人：我认为这个有关系。

公诉人：应按照《中华人民共和国刑事诉讼法》围绕本案有关的问题提问。

辩护人：审判长，我解释一下，一个人有没有子女会影响他作证。一个有子女的父亲一定是尽力维护自己在子女面前正面的、高大的、光辉的、诚实的形象。一个人没有子女，那就无所谓了，可能随意作证，这与证人的诚信是有关的。所以还是请求法庭让证人回答问题。

证人：可以回答，有两个女儿。

这段发问中的很多问题与案件事实本身没有任何关联，辩护人甚至从道德等层面去评判证人证言的公正性，显然不妥，公诉人的反对是成立的。当然，我们也能理解辩护人坚持这么问的目的，大家千万不要以为他是故意在法庭上胡搅蛮缠、故意捣乱，他这样问有他的逻辑自洽性，他实际上是运用英美法庭上常见的降低证人可信度的方法进行盘问。这种方法本身没有错，但是“淮南为橘，淮北为枳”，照搬到中国的法庭上，就存在水土不服的可能。我们还是要始终立足于本土的法庭发问规则和证据采信规则。法庭当然会考虑证人可信度的相关因素，但绝无可能根据证人有无子女和有无信仰来评判其证言的证明力大小。如此发问，除了让法官感到厌烦和困惑不解之外，并不能起到任何积极作用。

在英美法庭上可以这么发问，我们为什么不能借鉴呢？因为法律是和文化传统、社会土壤息息相关、紧密相连的，具有强烈的地域性体征，西方千百年来都是教会国家，一个人如果没有宗教信仰，在他们看来是不可思议的，到了法庭上作证前第一件事就是手按圣经宣誓。如果你说你没有信仰，陪审团就很难相信你说的话，所以西方的法庭就会把证人有无信仰作为考量证人可信度的一个重要标准。但是在中国的法庭上，可能会这样考量吗？法官只会觉得你这样发问是胡搅蛮缠！发问的方向错了，再犀利的问题也是无用功。

刚才这个案例，还比较好判别，但在很多案例中，问题是否与本案事实无关，的确是有争议的。

| **案例 4－1** | 于欢故意伤害案[1]

我们来看于欢案件的二审庭审实录，山东聊城辱母杀人案，一审判了无期徒刑，二审认定防卫过当，改判5年。下面是于欢的辩护人向被害人郭某某，也就是被于欢捅伤的一位讨债人的发问。[2]

辩护人：郭某某，你在本案前有没有犯罪前科？

郭某某：和本案无关，我拒绝回答。

---

〔1〕 参见山东省高级人民法院刑事判决书，(2017) 鲁刑终151号。

〔2〕 参见陈彤：《实录丨山东高法今天公开于欢故意伤害案二审庭审全记录》，载微信公众号“天津广播”2017年5月28日，https://mp.weixin.qq.com/s/7z4WrAWuzxO07R50XFm－9Q。

辩护人：你有没有在2013年1月19日驾车去乡政府？

郭某某：没有。

被害人代理人：我反对，辩护人所问的问题与本案无关。

辩护人：2011年9月，冠县人民法院以故意伤害罪判处你有期徒刑10个月？

郭某某：和本案无关。

被害人代理人：辩护人你可以直接出示证据向法庭展示，这些和本案无关的事情，郭某某都可以拒绝回答。

审判长：辩护人，建议你发问的内容围绕一审认定的事实，围绕于欢的定罪量刑发问。

辩护人：你在检察卷中称没有受到刑事处罚，到底有没有？

郭某某：我拒绝回答。

辩护人之所以问这些问题，就是想向法庭揭示这名出庭的被害人有前科劣迹，在一审还有撒谎行为，也是试图在证人可信度上做文章，攻击这名证人的品格。普遍观点认为，证人的品行包括前科情况是与证人的可信度相关的，不能简单地认为是无关性问题。

这个案例是想告诉大家，目前我国对无关性问题的理解并没有一个统一的标准，所以刑事辩护律师不要太死板，可以基于庭审策略的需要，相对灵活地决定是否发问这些问题或者反对这些问题。

四、禁区四——重复性发问

根据法庭规则，别人已经问过的问题，是禁止重复发问的，目的是提高庭审效率。辩护人在法庭上出现重复发问的最主要原因就是只关注自己，不注意聆听别人的发问，有的是因为漫不经心，有的是因为过于紧张，这都需要克服。

在法庭上，因为重复性发问被打断、制止后，辩护人的发懵指数是很高的。如果由于诱导性问题或者无关性问题被打断，辩护人很清楚问题所在，不会发懵。但是被法官突然打断说你发问重复，第一反应就是茫然："这个问题别人问过了吗？我没注意到啊。"

所以，一名优秀的刑事辩护人，在法庭上不仅要会问，还要善于聆听。

根据法庭调查的规则，先由公诉人讯问被告人，然后辩护人才能发问。在法庭上，轮到辩护人发问时，可能其事先准备的很多问题已经被公诉人问过了，这种情况下原则上就不能再问了，否则就是重复发问。但是，庭审中的情况往往不是那么简单，不能一概而论。可以分为三种情况，分别作出应对。

第一种情况，公诉人已经讯问过，被告人回答很明确，辩护人对此也没有争议，可以直接删除该问题，避免重复。

第二种情况，公诉人已经讯问过，但被告人回答简单、没有回答完整的问题，特别是没有回答完整的部分是对被告人有利的事实，辩护人应当补充追问，目的是使有利事实更加清晰，引起法官的重视。

| **示例 4－9** | 辩护人对未赔偿被害人的原因进行补充发问

公诉人： 案发以后，你是否赔偿或补偿被害人？

被告人： 没有。[1]

辩护人： 关于赔偿问题，公诉人刚才问过你了，你说没有赔偿，那么为什么没有赔偿呢？

被告人： 其实我也是想赔偿的，但是被害人要价太高，他要价 100 万元，我实在拿不出那么多钱。[2]

第三种情况，公诉人已经讯问过，被告人回答的是不利事实，给法庭造成了误解。辩护人该怎么办？这时候就要换一个问法，目的是让原来的不利回答失效。

| **示例 4－10** | 控辩双方变换发问角度

某一天，一名同事告诉某银行副行长："我们银行即将对外拍卖一处行属资产。"说者无心，听者有意。被告人也就是这名副行长随即将这个信息告诉了他一位做生意的好朋友，建议他去参加竞拍，说那个地块的房子应该有升值空间。这位朋友听了他的建议，就去参加了竞拍，成功买到了那处房产，为了表示感谢，事后就送了副行长 10 万元。

---

〔1〕 好，问完就过去了。虽然公诉人没有问未赔偿的原因，但是辩护人应该把这个原因呈现给法庭。于是辩护人在补充发问过程中可以作个简单回顾，并加以追问。

〔2〕 通过这样的方式把被告人的回答顺利引导出来，向法庭揭示未赔偿的原因是对方"狮子大开口"，而不是被告人主观上不想赔。

公诉人：这处房产是否属于银行的资产？

被告人：是的。

公诉人：你是否告诉了行贿人银行资产马上要拍卖的信息？

被告人：告诉了。

公诉人：你是否为这个事收了10万元？

被告人：是的。

对公诉人的问题，被告人都作了肯定的回答，同时还想继续讲下去，但是公诉人制止了他："你只要回答是或者不是就可以了。"[1]

辩护人一定要知道，在案件起诉之前，公诉人有充分的余地接受辩护人的"挑刺"，双方总能找到沟通的空间，但是一旦上了法庭，起诉书已经送达了，起诉的罪名和事实就固定了，对公诉人来说就是"开弓没有回头箭"，协商和妥协不再存在，战斗成为主旋律。此时的公诉人肩负着只许胜不许败的指控压力，他只能朝着有罪的方向去讯问。因此，在公诉人讯问后，辩护人要有冲破公诉人"封锁围堵"的强烈意识，通过技巧性发问来引导被告人"一吐为快"，将关键事实在法庭呈现。

本示例中，辩护人发问的时候，为了避免因重复发问而被制止，于是换了一种方式发问。

---

〔1〕 公诉人很有经验，他在用封闭性问题限定回答范围，以封堵被告人可能的"狡辩"。

辩护人：刚才公诉人在问你有没有向行贿人提供拍卖信息以及有没有收钱时，你都作出了肯定的回答，并且你还想作出一些解释，现在辩护人非常想听到你的解释是什么？[1]

被告人：这条拍卖信息是我和同事在闲聊过程中偶然听到的，而且这条拍卖信息当时已经在报纸上公告了，送钱人参与拍卖的时候，我也没有提供任何帮助。

这样一来，事情就清楚了，被告人虽然提供了信息，事后也收了钱，但这种信息显然是公开信息而非内部信息，这种帮助显然并非利用职务之便。正因为通过补充发问澄清了这一关键事实，法院判决将这笔 10 万元从受贿总金额中予以扣除。

| **示例 4－11** | 持续追问讲明原供述不属实的原因[2]

辩护人：你刚才回答公诉人时称过去的交待全部属实，那么你过去交待送给甲 2000 多万元属实吗？

被告人：不属实。

辩护人：那为什么交待得那么具体、详细并且生活化？

被告人：很多是办案人员提示的。

辩护人：好，那你刚才回答公诉人时称过去的交待基本属实，请问基本属实是什么意思？

被告人：有些辩解没有被记录。

辩护人：你刚才说是你自己决定的，其他人只是接受你的

---

〔1〕 这样问既避免了重复，又得以让被告人顺利地作出解释。

〔2〕 参见王亚林：《精细化辩护：标准流程与文书写作》，法律出版社 2017 年版，第 188 页。

指示和安排，为什么过去交待有一个和其他人商量和对话的情况？

被告人： 那些是不属实的，是按照办案人员的提示陈述的。

辩护人： 你有无写一封信给乙？再配合一次是什么意思？

被告人： 有。配合反腐调查，承认我们共同商量隐匿国有资产。

在这一示例中，辩护人的意图就非常明显。公诉人在之前讯问时问过“过去的交待是否属实”，被告人答“基本属实”，这一回答明显是力度不够的。如果辩护人没有抓住这一点就这样让这个问题翻过去，给审判人员留下的印象就只会是“属实”。但辩护人通过自己的经验和对庭审的掌控能力，发现了这一问题，并对这一问题反复发问，从而达到了让审判人员充分注意这一问题的目的，使审判人员对被告人之前产生的不好印象发生改变。

五、禁区五——意见性发问

意见证据规则规定在《最高人民法院关于适用〈中华人民共和国刑事诉讼法〉的解释》第 88 条第 2 款中规定：“证人的猜测性、评论性、推断性的证言，不得作为证据使用，但根据一般生活经验判断符合事实的除外。”

刑事庭审中，意见性发问很常见，没有经过专业训练的提问者很容易如此脱口而问，甚至根本不觉得有何不当。譬如

“虽然你不在现场，但根据你对被告人的了解，你觉得这事是不是他干的?”“你认为被告人为什么要这样做?”要求证人对事实等事项进行猜测、推理和分析是不妥的，因为证人只能就自己经历的确定事实作证，在法庭上应当陈述事实，而不是陈述意见，否则就可能影响到裁判者对事实的判断。

我们来看以下这两段辩护人的发问。

案例 4－2 不对事实问题进行个人评价

辩护人： 你刚才没有正面回答这个问题，我能从你的话里听出来你对被告人的人品是认可的，你很敬重他，能不能这么讲?〔1〕

徐某： 我表示过了。

辩护人： 凭你主观判断，你认为他是谨慎的人还是粗率的人?

徐某： 我今天只是陈述事实，不做任何评价。〔2〕

……

辩护人： 钱是不是你送的?〔3〕

徐某： 送钱是事实。

辩护人： 送钱是什么行为?

---

〔1〕 参见唐述权、仝宗莉：《8 月 22 日薄某某案庭审记录【8】》，载人民网，http：//politics. people. com. cn/n/2013/0827/c1001－22705324－8. html。

〔2〕 像这种重要的控方证人显然是事先经过了法律培训，才能在法庭上拒绝得这么专业，结果没有让辩护人的发问达到目的。

〔3〕 参见唐述权、仝宗莉：《8 月 22 日薄某某案庭审记录【9】》，载人民网，http：//politics. people. com. cn/n/2013/0827/c1001－22705324－9. html。

公诉人（插话表示反对）：这应该由法律回答。

审判长（立即表示支持）：本庭认为证人可以不回答。

以上发问都属于让证人作评价，证人是可以拒绝的，公诉人也可以提出反对。

在法庭上，辩护人对意见性问题能不能发问呢？相对于前面所讲的明显带有诱导、误导以及无关性、重复性的问题，这属于轻微违规的问题，建议不要问，但如果出于辩护策略的需要实在想问，也可以尝试一下，只要做好被证人拒绝回答或者被法庭制止的心理准备就可以。

六、禁区六——假设性发问

假设性发问是指发问人假设出一个实际上并不存在的事实，然后让回答者针对这个假设出来的事实进行回答。通常的句式结构是：如果怎么样，将会怎么样？假如怎么样，将会怎么样？对这种问法是可以拒绝或者反对的，理由就是发问应当针对已经发生的事实。

其实，辩护律师坚持问这种假设性问题，就算别人回答，也未必是实话，因此也就没有实际意义。

| **示例 4－12** | 采访对象是否真实拥有物品时的不同回答

记者：大爷，您要是有 200 万元，愿意捐给国家 100 万元吗？

大爷：捐！

记者：您要是有 2 套房，愿意捐给国家 1 套吗？

大爷：捐！

记者：您要是有 2 头牛呢？

大爷：不捐！

记者（诧异）：大爷您连钱和房都捐，怎么牛就不捐了呢？

大爷（急了）：我真有 2 头牛啊！

所以，假设性发问得到的答案并不靠谱！根本没有实际意义，这就是不能问假设性问题的原因。

|案例 4－3| 张某某故意杀人案

该案是 2019 年度人民法院十大刑事案件之一，[1] 是发生在陕西的“为母报仇”杀人案。

1996 年，张某某的母亲和邻居发生纠纷，张某某的母亲

[1] 张某某故意杀人案之所以引发全社会的广泛关注，且有不少人呼吁对张某某“刀下留人”，皆因案件的起因有令人同情张家之处。一方面，张某某之母 20 多年前因邻里纠纷被害实为不幸之事，张某某少年丧母更是人生悲剧，儿子怀念母亲心中存留怨愤亦是人之常情，故张某某杀死王家父子 3 人的行为虽然罪大恶极，却博得了广泛同情并被很多人视为“为母报仇”的“义举”。另一方面，张某某母亲遇害一案业经司法机关处理，被告人已经受到法律制裁，20 多年来王家亦未寻衅张家，即使张某某认为处罚不公，过亦不在王氏父子，张某某应当走申诉渠道。但其采取连杀 3 人的恶行以泄心中仇恨，天理国法难容。现代法治国家无不禁止私力救济或者擅自复仇，更不容许不择手段、不计后果地剥夺他人生命，何况张母被害一案已被司法机关依法处理，张某某为母报仇之说无从成立。根据罪责刑相适应原则，人民法院依法判处张某某死刑，不仅是对这一严重罪行的公正惩处，亦是对事出有因的重大凶杀案件如何兼顾天理国法人情的良好示范。同时，本案判决对于引导公民正确处理民间矛盾纠纷和个人恩怨，弘扬法治精神和化解社会戾气，亦具有重要意义。

脑袋被敲了一木棍，被打死了。打人的是邻居家的小儿子，当时不满18周岁，减轻处罚被判处了7年有期徒刑。结果到了2018年，张某某一直怀恨在心，选择了除夕之夜对邻居进行行凶报复，当场连杀3人，然后他在逃跑途中将作案的尖刀扔到了路边一个水塘里。案发后，警方始终找不到凶器，张某某也始终不肯交待，杀人案件中的作案凶器是重要的物证，于是警方就通过张某某的一个发小郭某（一名派出所民警）进入看守所做他的思想工作，张某某最后交待了扔刀的具体方位。[1] 二审时，辩护人经申请由法院通知郭某出庭，其目的可能是想通过法庭发问来判断该名警察是否存在诱供等违法行为。

如果辩护人直接发问郭某："你认为没有你进入看守所，张某某能够交待抛扔刀子的位置吗?"面对辩护人这样的发问，郭某完全是有权利拒绝回答的。因为辩护人的问题既是一个假设性问题，也是一个要求他进行推测的问题。郭某作为一名警察长期从事执法工作，具有较强的敏锐性，显然不会轻易回答假设性或推测性的问题，更何况对于一些有重大影响的案件，他们出庭前往往会提前准备，做好法律层面上的应对之策。一旦遭到郭某的拒绝，辩护人对此应当心知肚明，果断放弃问题，不必坚持问下去。

〔1〕 参见王巍：《二审维持死刑判决　张某某：法庭给出什么结果都能接受》，载中国新闻网，https：//www. chinanews. com/sh/2019/04－12/8806758. shtml。

七、禁区七——对质性发问

对质性发问就是在发问时，向被发问对象抛出其他人出具的相反证言或供述，试图当场揭露对方在撒谎。

| **示例 4－13** | 公诉人对质性发问

公诉人： 被告人，某年某月某日你去过案发现场吗？

被告人： 没有，那天我一个人待在家里。

公诉人： 不对，证人看到你到了案发现场，我们提醒你，要端正态度。

这段讯问中，公诉人抛出了目击证人的指证，意图端正被告人的认罪态度。

| **示例 4－14** | 辩护人对质性发问

辩护人： 证人，案发那天你看到被告人动手打人了吗？

证人： 是的，他动手了。

辩护人： 为什么张三和李四都说被告人没动手呢？你有没有记错啊？

这段对话中，辩护人抛出了张三和李四的相反证言，意图质疑证人的记忆。

在法庭上，首先要遵循分别询（讯）问的原则，当被告人或证人到庭之后，先一个个对他们单独发问，此时不能随意透露其他人的证言或供述，否则会被认为是不当影响被提问者的回答，这种不当的影响可能会被认为存在诱导或强迫的嫌疑。

在法庭上，示例中的发问方式在分别询（讯）问的场合是不被允许的，只有在一种特殊的场合才被允许，就是法庭上的对质环节。最高人民法院颁布的《人民法院办理刑事案件第一审普通程序法庭调查规程（试行)》规定：被告人供述之间存在实质性差异的，法庭可以传唤有关被告人到庭对质。证人证言之间存在实质性差异的，法庭可以传唤有关证人到庭对质。

在分别询（讯）问时，被发问者之间讲的不是不一致吗，怎么解决？那就把他们都传唤到庭上来，一起问他们："这个事，你之前是这么说的，他之前是那么说的，现在你们俩当面说说清楚，到底怎么回事。"这就叫当庭对质。

八、禁区八——违法性发问

违法性发问是指在法庭调查过程中，辩护人或公诉人向被告人、证人等发问时违反法律规定或伦理原则的行为。如发问中带有恐吓、威胁、侮辱等色彩的训斥，这显然是不允许的。相对于辩护人，极少数发问风格强势的公诉人更容易犯此类错误。

示例 4 – 15 公诉人以撤诉为由施压性发问

公诉人："你以前多次供述是受贿，今天在庭上突然翻供，在这种情况下，检察机关有可能撤回起诉，对你的所有问题进行全面调查后再起诉。你实事求是地说，张三是不是送了20 万元现金给你?”

这是公诉人以撤诉后再追加事实起诉的方式向被告人施压。

｜**示例 4－16**｜ 公诉人以从重处罚为由施压性发问

公诉人：“被告人，本公诉人给你最后一次机会，再不如实供述就向法庭建议对你从重处罚。”

坦白从宽是对的，但法律上没有抗拒从重这一说。这是公诉人以提出改变量刑建议向被告人施压。

当法庭上出现被告人不认罪、翻供的情况时，公诉人应当通过提高讯问水平来扭转法庭上的不利局面，而不是通过简单粗暴的威胁恐吓来试图制服、压服被告人，这才是高水平的公诉人。如果在庭审中遇到这类情况，辩护人可以及时提出反对，以维护当事人的合法权益。

第五讲

刑事法庭发问的八个误区

- 误区一——合并式发问
- 误区二——多余式发问
- 误区三——笼统式发问
- 误区四——辩论式发问
- 误区五——兜圈式发问
- 误区六——应付式发问
- 误区七——自残式发问
- 误区八——损人式发问

刑事法庭发问禁区属于犯规式发问，一旦出现在法庭上，是要被审判人员、公诉人制止或反对的。本讲阐述的八种发问方式并不犯规，但是偏离甚至背离发问目的，不仅耗费庭审时间还起不到好的发问效果，在法庭上同样要尽量避免。

一、误区一——合并式发问

在法庭上，有的公诉人和辩护人经常会不自觉地犯一个看上去不那么明显的错误——发问太急、没有层次感，一次性连续抛出多个问题。这样很容易造成被发问者接收信息紊乱，进而本能地选择回答那些最简单的问题，或者只回答记得最清楚的一个问题，遗漏大部分问题，还有一些不诚实的被发问对象，趁机回避他不愿意回答的问题。有时辩护人没有注意被发问者遗漏了问题，或者发现了该情况而不得不再次补充发问，无论何种情况都会影响发问效果。

示例 5－1 辩护人向证人发问

辩护人：证人，请你告诉法官，当时你站在什么位置及你是否正和一名年轻漂亮的女子交谈？她的名字叫什么？是哪个单位的？做什么工作？你们谈话的内容是什么？

证人：好的。她叫王某某。呃……律师，请再重复一下你的问题好吗？

证人大多是第一次坐在证人席上，难免有些紧张，由于问题太多，很容易因紧张而记不住辩护人问了什么。这种发问方式又称“记者式发问”。在发言人答记者问的场合，台下的记者能抢到一次提问机会很不容易，往往一次性提出两三个问题。但辩护人不是记者，法庭也不是新闻发布会，不必这样发问。这种发问失误，很容易被忽视，如果不注意，就很容易在法庭上犯这种低级错误。

上述示例中，如果将需要发问的问题逐一向证人提出，发问效果则有很大改善。

辩护人：证人，请你告诉法官，事发时你站在什么位置和他人聊天？

证人：我站在篮球场的中场附近。

辩护人：和你聊天的是谁？

证人：她叫王某某。

辩护人：王某某有什么特征？

证人：王某某是一名年轻漂亮的女子，当时她穿着白色的连衣裙。

辩护人：王某某在什么单位上班？

证人：她在某某医药公司工作。

辩护人：具体岗位是什么？

证人：她是销售经理。

辩护人：你们当时交流的内容是什么？

证人：我们当时主要交流了从事药品推销的经验。

辩护人：你们在交流过程中是否看到球场发生了什么突发

情况？

大家可以发现，将合并式发问中的问题逐一分解提出，问题的数量没有变化，但是发问效果明显不同。

法庭上的发问，目的就是得到回答。如果因为发问人的技术失误，造成对方没有回答，那么这个发问就是失败的，责任在发问者自己。欲速则不达。解决方法很简单，一个问题问完再问下一个问题，每一个问题只包含一个事实，确保一问一答，这样问得清楚，对方也答得明白。

二、误区二——多余式发问

有时，发问明明已经达到了较为理想的效果，但是发问人为了强化已有的答案会选择继续发问，或者换一种方式发问，结果却事与愿违，获得了与之前相矛盾的回答，纯属多此一举、自找麻烦，反而起到了反作用。

| **示例 5－2** |　公诉人发问被告人侦查阶段的交待是否属实

公诉人： 你以前的供述是否都属实？

被告人： 属实。

公诉人（意犹未尽、乘胜追击）：所有的笔录都看过吗？

被告人： 有的看过，有的没仔细看。

公诉人（晓得自己问翻了，但没办法，只能硬着头皮继续问）：为什么没有仔细看？

被告人： 有时候太匆忙了，没有注意去看。

本来已经达到了效果，就是因为多余的问题，让法庭对笔录的真实性、合法性产生了疑问。

| **示例 5－3** | 辩护人发问证人有关被告人的作案过程

辩护人： 证人，你刚才说被告人手中好像没有刀。那你看到被告人向被害人挥过手吗?

证人： 律师，你这么问倒是提醒我了，被告人当时好像是朝被害人的头挥了一下手的，手中有没有刀我不清楚，但后来我就看到被害人头上流血了。

这段发问如果是公诉人问的，那就太精彩了，通过细节的追问，问出了想要的效果。但这是辩护人问的，那就适得其反了，本来证人说没看到被告人拿刀，这么一问，问出看到被告人挥了手，然后被害人脑袋就流血了，那这刀很可能就是被告人砍的。

法庭上之所以出现这种“问翻了”的尴尬局面，有的是因为发问时漫不经心，更多的则是因为过于兴奋，在发问已经取得良好效果的情况下，不懂得“见好就收”，为了强化发问成果，就再问一次。很可惜，画蛇添足的结果是葬送了本来即将到手的胜利“果实”。

切记，有一种胜利，叫见好就收；有一种失败，叫过犹不及。

三、误区三——笼统式发问

在发问环节，有时候看到证人、被告人对于辩护人提出的问题感觉一头雾水，不知如何应答，甚至在场的法官、检察官都听不出辩护人到底要问什么信息，这是因为辩护人所提的问题太宽泛，不具体，甚至有歧义，让人不知从何答起。

示例5-4 辩护人要求被告人完整描述案发情况

辩护人：被告人，你把当时现场的情况再说一下？

被告人：……

现场的情况有很多，被告人第一时间肯定不明白辩护人到底要问哪些方面的情况，吃不准自己到底要回答哪些情况，而且这个问题与刚才公诉人的讯问内容相互重合，被告人不太明白在刚才都已经交待清楚的情况下，难道又需要把案件全程再讲一遍吗？

示例5-5 辩护人要被告人描述作案过程

辩护人：被告人，你当时是怎么打的被害人？

被告人往往也不清楚该如何回答，因为不清楚辩护人是想问当时的起因，还是当时手中的工具，或者是当时击打的部位，所以对容易造成歧义的问题，要对问题进行拆分，直接具体到“点”，让当事人的回答精准。

比如，上面这个示例中，辩护人可以将笼统的问题拆分成若干个具体的问题。

当时你手中拿的是什么工具？有没有击打到被害人？击打

到被害人身上的具体哪个部位？打了几下？力度如何？当时被害人被打后有什么反应？被害人作出这些反应之后，你当时是怎么应对的？你击打后将工具放在了哪里？

这就将一个容易造成歧义的大问题拆解成多个具体的小问题，做到精准提问，这样才能得到当事人的精准回答。

当然，根据案件实际情况，笼统式发问也不是一概不能使用。例如，在辩护人与被告人庭前已经有充分沟通的前提下，为了节约时间，或者为了表达的完整性、流畅性，可以先以笼统的问题发问，再精准地进行补充发问。但是对同案犯、控方证人、鉴定人、被害人，轻易不要这样问，因为你不可能跟他们作有效的提前沟通，双方立场不一样，他们很可能不按照你的思路回答，发问失败的风险较大。

四、误区四——辩论式发问

辩论式发问通常发生在发问人不满意被问者的回答的场合，进而选择与对方开展辩论式对话，意图驳倒对方或使对方接受本方的观点。

| **示例 5－6** | 辩护人与证人讨论特定词语的含义

辩护人： 你说被告人没有作声就是默认，你知道默认是什么意思吗？

证人： 默认的意思就是不作声。

辩护人： 不作声就一定有什么意思吗？

证人： 如果没有意思，为什么不直接拒绝呢？

辩护人：难道不拒绝就一定是同意吗？

证人：不拒绝不是同意那是什么？

在这段发问中，辩护人发现证人的回答存在漏洞或逻辑错误，于是马上与对方展开辩论，试图扭转他的证词，这是不合适的。发问就是发问，而不是和对方展开辩论。第一，你不能指望通过辩论来说服对方证人接受你的观点，证人基于他既有的立场，不可能轻易地退让或作出改变；第二，将发问演变成辩论，会让证人觉察到自己的漏洞所在，然后在证词中予以针锋相对的解释和补救；第三，法官会认为你在竭力试图影响证人的客观陈述，可能会毫不留情地打断你、制止你。

因此，对于发问过程中发现的漏洞和矛盾，应当耐住性子，不要急于和证人展开辩论。等到发表质证或辩论意见时，证人已经退庭，再向法庭揭露和论证，这样才能控制局势，而不仅仅是与证人“打口水仗”。

五、误区五——兜圈式发问

在法庭上，有些辩护人发问时喜欢兜圈子，[1] 不直接切入正题。这可能是出于发问策略设计的需要，但在法庭上运用该发问方式是不适宜的，非常容易被法官打断。

〔1〕 即发问的外延过大，初始问题的关联性不强，从外延切入核心问题的时间过长。

| **示例 5-7** | 辩护人向被告人发问处理赃款的经过

辩护人： 你刚才说还没有来得及把收钱的事向监委汇报，也就是说，你还没来得及把钱交给监委，是不是？

被告人： 是的。

辩护人： 你没把钱交给监委，但也没把钱存到银行，是不是？

被告人： 是的。

辩护人： 你没把钱存到银行，那你就是把钱放在家里，是不是？

被告人： 是的。

审判长： 辩护人，你的发问是想表达什么意思？

辩护人： 我是想说，被告人是时刻准备把收的钱上交给监委。

审判长： 辩护人，你应当问，你把钱及时交给监委了吗？

这段问话中，辩护人的出发点是好的，他是在绞尽脑汁为被告人想出路，但是存在两个严重的问题：一是诱导性问题太多，发问方式要转化一下；二是论证的链条太长，而且并不能形成严密的逻辑闭环，从问话推不出想要的结论，把钱放在家里不代表就是准备上交。这种问法不可取，除了把人绕晕，起不到任何作用。

在中国的法庭上，法官对兜圈式发问的容忍度很低，辩护律师不能总是想着采用一些自以为“高深”的发问技巧，尤其是英美法庭上普遍使用的发问技巧，譬如发问时小心翼翼地接近事实真相，从外围进行“包抄迂回”发问等，这些技巧可能都不好使。

在英美法庭上对证人发问，有时的确会持续很长时间，像前文所述的里滕豪斯枪击案，法庭调查持续了2周，前后有30多名证人出庭作证，基本上就是在进行法庭调查、法庭盘问。这与英美法系国家的法治土壤是有关系的，他们实行的是陪审团制和严格的传闻证据规则，证人必须到庭，证言才有效力。在庭审之前，陪审团成员对案情毫不知情，所以他们需要在法庭上详细地听控辩双方盘问证人，就像听故事一样。因为是第一次听这个故事，一切都是新鲜的，他们往往希望听得详细一点，细节越多越好，这样他们才能够了解案件事实的全貌。

中国的法庭实行的是卷宗主义，检察院起诉时就把全部卷宗移送到法院，法官在开庭之前已经充分阅卷，对案情了然于胸。开庭时法官已经自动屏蔽了卷宗里那些无效消息，只需要释疑解惑，把案件的争议焦点找出来重点调查就可以。而且，一线审判庭法官每年办理的案件量实在太大了，精力和时间确实有限。所以，法官普遍都希望在庭上尽快切入正题，抓住重点，别兜圈子，否则就是浪费时间。

律师在法庭上发问和发言的时候，要做到重点突出、语言简洁明快，长期坚持高效发问，形成自己鲜明的风格，自然会成为一名高效的律师。

六、误区六——应付式发问

应付式发问主要是泛泛问一些无价值的问题，法官最反感该发问方式。法庭发问并不是问的越多越好，律师在法庭上问的每一个问题都应当有实际价值，都应当是为辩护目的服务的，不能漫无目的地问一些无关痛痒起不到实质作用的问题，尤其是对已经查清的无争议事实就无须再问，否则就是浪费时间。

一些年轻律师有这样的疑问："作为年轻律师，大案件也轮不到我们做，我们承接的基本都是案情清楚的简单案件。比如，有一次我辩护了一起共同犯罪的抢劫案，我的当事人是从犯，认罪认罚了，起诉书中对从犯以及坦白情节都作出了认定，在案件事实上没有争议，公诉人也讯问得很清楚，我认为自己没有什么需要发问的了。但开庭的时候我注意到其他同案犯的律师都提问了，有的还提了不少的问题。这时候我就很纠结，因为别的律师都提问了，自己不提问，显得自己没水平，家属也会认为我不负责，我毕竟收了律师费，家属都在下面坐着，那是不是就随便问几句呢？反正家属也听不出来什么意思。"

这种情况下，辩护人应该怎么办？这确实是一个让人纠结的两难问题。这不是一个技术问题，而是理念问题。

发问前，辩护人一定要有明确的发问目的，不能为刻意体现辩护人的作用，为了发问而发问。这种"作秀式"发问方式虽然可以给被告人及其家属留下律师做了一些功课的印象，但是会影响行内人特别是法官对辩护人的印象，辩护效果会因没有抓住主要矛盾而大打折扣，是一种失败的发问。

在法庭上，明明公诉人已经问过了，或者其他辩护人问过了，你也认为事实清楚没有争议，那就不必再问了。在法庭上，不能只为了显示存在感而发问，那岂不是成了无病呻吟吗？向同行显示存在感是不明智的做法。问了一堆废话难道就代表比同行有水平了吗？只会示人以短。向当事人的家属显示存在感，无非是想表明自己“没有功劳还有苦劳，没有苦劳还有疲劳”，可辩护人的价值绝不在此。辩护人可以在会见、家属答疑等环节提供正向价值，其实际意义远高于庭审中的装腔作势。

七、误区七——自残式发问

自残式发问，主要指辩护人在发问过程中作了不适当的信息披露，从而损害了己方当事人的利益。

| **示例 5－8** | 披露被告人指控他人的信息

辩护人： 你说这份伪造的文件是别人给你的，那为什么被告人说文件是你伪造的？

证人： 这是胡说八道……

这样问，属于前文所述的对质性发问，不仅违反了法庭发问的规则，而且不恰当地披露被告人对证人或其他同案犯的不利指控，非常容易引发对方的不理智报复心理，进而对被告人“反咬一口”。

| **示例5-9** | 当庭询问立功信息

辩护人：你是否有检举揭发等立功行为？

被告人：有的。

辩护人：你检举揭发谁了？

辩护人的这个问题是非常可怕的，庭下还坐着很多旁听观众，就这么堂而皇之地发问，一旦消息传到被举报人的耳朵里，可能对当事人极为不利。一是被告人可能遭遇打击报复；二是被举报人知道该信息后可能提前做好充分的反侦查准备，导致犯罪事实没有查实，本来可以成立的立功情节因此而烟消云散。

所以，对于检举揭发，辩护人可以在法庭上发问，因为涉及立功的认定。但是，辩护人在发问时，大概地向法庭提示有这个情节即可，然后建议庭后核实，绝不能在公开法庭上问得非常详细具体，否则就可能对自己的当事人造成实质性损害。另外，辩护人也可以提前和法官沟通好发问的细节，涉及检举事项时，不进行庭审直播，旁听人员临时退庭，这样也能圆满地解决问题。

八、误区八——损人式发问

损人式发问，是指辩护人在法庭上提问不当损害其他人的利益，给他人造成了不利后果。

譬如，有的刑事案件侦破中，警方使用了线人或者卧底，辩护人不能在发问过程中将这些需要保密的人名和信息在法庭上做不当的披露，否则可能引发严重的后果。

另外，在有多名被告人的案件中，有的辩护人不恰当地充当了第二公诉人的角色，在对本方当事人并没有明显好处的情况下，通过自己的发问指证其他被告人的犯罪，完全没有必要。

｜示例5－10｜ 辩护人的发问对其他被告人形成了指控

甲辩护人：甲被告人，你们在群殴被害人的时候，你有没有用棍子打他？

甲被告人：我没有用棍子打他，我手里根本就没有棍子。

甲辩护人[1]**：**那你知道是谁用棍子打的吗？

甲被告人：嗯，我记得好像是乙被告人用棍子打的。（他这句话一说出来，坐在旁边的乙被告人的辩护人转过头狠狠地白了他一眼）

辩护人不是公诉人，这个问题应该由公诉人问，公诉人有查明整个案件事实的义务，而辩护人没有。辩护人既不指控自己的当事人，同时也无须多余地引导被告人去指控其他被告人。在法庭上，辩护人应该专心致志地做好自己的辩护。

〔1〕 本来到此为止就可以了，但是甲辩护人非要再多问一句。

第六讲 刑事法庭发问被告人的四个锦囊

- 锦囊一——庭前辅导，统一思想
- 锦囊二——明知故问，掌控答案
- 锦囊三——因人而异，灵活发问
- 锦囊四——直面矛盾，不要回避

对被告人的发问非常重要，因为每一个案件都有被告人出庭，除非是缺席审判，但那种案件非常少。对被告人发问的要点，可以总结为两个关键词：引导＋配合。辩护人和被告人是同一条战壕里的“战友”，在以事实为依据的前提下，辩护人可以在发问中合理地引导被告人，被告人也愿意配合辩护人，双方在法庭上才能够形成很好的协同关系来展开辩护。如何发问被告人，有四个锦囊妙计。

一、锦囊一——庭前辅导，统一思想

前几年，有一段视频在网上非常火，引发热议。视频的内容是一位律师在法庭上向被告人发问，结果在发问的过程中，被告人非常恼火，当庭大声质问辩护人：“你是在为我辩护还是为他辩护啊？”然后又招致了律师的不满和斥责。

请大家思考一下，为什么辩护人和被告人在庭上会不顾庭审秩序，你来我往地争吵起来？是因为辩护人问错什么问题了吗？

在那段视频中辩护人的发问听上去没什么瑕疵，他是沿着自己的辩护思路正常发问的。但是，这段视频至少反映了一个问题，就是辩护人可能太忙了，在庭前没有和被告人具体沟通，导致上了法庭之后，被告人对辩护人的发问目的不理解，进而基于误解产生了强烈的抵触情绪，所以才会发生这段戏剧化的发问场景。

法庭上，辩护人对被告人发问的基础是什么？庭前辅导。法庭如战场，“凡事预则立，不预则废”是永恒的法则。如果不重视庭前辅导，再厉害的律师也容易马失前蹄。有个别律师在庭前会见被告人时，说完三句话就拔腿走人了：第一句，“明天要开庭了”；第二句，“你千万不要紧张”；第三句，“到了庭上，问你什么，你就说什么”。当然，这种情形可能有点夸张，总之庭前沟通很简单，完全属于例行公事的会见。这样做，既不够专业，也不够敬业。

在法庭上对被告人的讯（发）问环节，辩护人相对于公诉人有个很大的优势，就是可以进行庭前辅导，而公诉人是没办法做到的。到了法庭上，辩护人的发问难度显然大大低于公诉人的讯问难度，辩护人和被告人之间，实际上就是在“打明牌”。这个优势如果不充分利用好，就太可惜了。

那么，如何进行庭前辅导呢？必须解决三大基本问题。

（一）释明庭审程序，缓解不安心理

辩护律师对法庭审理程序无疑是很熟悉的，但是，绝大多数被告人往往是第一次走上法庭，所以，被告人面对即将决定其人生命运的法庭审判时，内心是忐忑不安的，生怕自己上了法庭后两眼一抹黑，不知如何应对。

因此，在开庭前，辩护律师无论多么忙都一定要会见被告人。见面后第一件事，就是清楚明白地告诉被告人关于法庭的审判程序，并且细化到每一个最小的环节。法庭审判主要分为以下五个程序。

1. 开庭宣布程序

审判长首先宣布开庭，这一步骤标志着庭审程序的正式开始。随后，审判长会传被告人到庭，并查明被告人的基本情况，包括姓名、出生年月、民族、出生地、文化程度、职业、住址等。此外，审判长还会宣布案件的来源、起诉的案由、附带民事诉讼原告人和被告人的姓名（名称）及是否公开审理。对于不公开审理的案件，会当庭宣布不公开审理的理由。审判长还会宣布合议庭组成人员、书记员、公诉人、辩护人、鉴定人和翻译人员的名单，并告知当事人、法定代理人在法庭审理过程中依法享有的诉讼权利。对于审判人员询问被告人的问题，被告人只要如实简单作答就可以，除非特殊情况一般不申请回避。

2. 法庭调查程序

一是异议环节。公诉人宣读完起诉书后，法官会问被告人有无异议。如果被告人承认指控的犯罪事实和罪名，应陈述无异议；如果不承认，则陈述有异议并提出无罪、罪轻的主张。被告人的回答要简明扼要，法官也不会让你长篇大论。

二是讯（发）问环节。由公诉人首先讯问，辩护人再进行发问，讯（发）问内容必须与案件事实相关，并经法官许可。法官也可以补充讯问。

三是举证质证环节。首先由公诉人依次举证，被告人和辩护人先后围绕证据的“三性”（真实性、合法性、关联性）发表质证意见，之后被告人和辩护人也可以向法庭提交证据。[1]辩护人在庭前会见时就要告诉被告人，到了法庭上他应该重点围绕证据的真实性发表意见，因为他是案件事实的亲历者，对真实性最有发言权。对于其他方面的质证意见，由于专业性较强，如果自己表述得不专业，可以交给律师去发表。法官将认真核对和审查各方提出的证据，只有经过查证属实且能相互印证的证据，才能作为定案的根据。

四是继续调查环节。在法庭调查过程中，如果合议庭对证据的认定存在疑问，或者公诉人、辩护人提出新的证据线索，需要进一步调查核实的，法庭可以宣布休庭，对相关证据进行调查核实。这包括但不限于对与犯罪有关的场所进行勘验或检查、扣押相关物证或书证、聘请专家进行鉴定等。

3. 法庭辩论程序

一是公诉人发言环节。法庭辩论中，公诉人首先阐述公诉方的意见和量刑建议。

二是被告人自行辩护环节。[2]公诉人发言之后，被告人有机会自行辩护，阐述自己对指控的回应与辩解。辩护人要提前告诉被告人，有话则长无话则短，如果认为自己表达不好，可以交给辩护人去发表具体的辩护意见。

三是辩护人辩护环节。辩护人代表被告人发言，提出辩护

〔1〕公诉人、辩护人应向法庭出示物证、书证等实物证据，以及宣读未到庭证人的证言笔录、鉴定人的鉴定意见、勘验笔录和其他作为证据的文书，让当事人辨认并发表意见。

〔2〕如果有被害人出庭，在被告人自行辩护之前，还应当由被害人及其诉讼代理人发言。

意见和理由。

四是控辩双方辩论环节。在法官的主持下，控辩双方针对案件事实、证据和法律适用等问题，提出自己的意见和理由，进行面对面的论证和反驳。第一轮法庭辩论之后，法官会总结仍有争议的问题，控辩双方可展开第二轮甚至多轮辩论。

4. 被告人最后陈述程序

让被告人最好提前准备好一份发言要点：如果被告人认罪，可以在最后陈述中表达认罪和悔罪的态度，并希望法院能够从轻或减轻处罚，如果案件中有被害人，被告人还可以向被害人表示道歉；如果被告人不认罪，应当简单明了地陈述清楚自己的观点，请求法院判处无罪，不要喋喋不休。

5. 评议和宣判程序

被告人最后陈述后，法官宣布休庭，合议庭进行评议。根据已经查明的事实、证据和有关的法律规定，合议庭作出判决。判决结果包括有罪判决、无罪判决或证据不足、指控的犯罪不能成立的无罪判决。若是当庭宣告判决的，应当在 5 日以内将判决书送达当事人和提起公诉的检察院；若是定期宣判的，法庭在宣判后立即送达判决书。

辩护律师通过简单介绍庭审程序，让被告人对即将到来的法庭审判有一个大致的轮廓印象。就好比出门旅游之前，先帮他画个简单的路线行进图，要越过哪座山，跨过哪条河，让他心里有个大致轮廓，这样有助于缓解被告人紧张不安的心理。

（二）告知具体问题，降低发问风险

在法庭上，我们有时候会看到，辩护律师问了问题，可是被告人茫然不知所措，不知道如何回答；然后辩护律师还一脸着急的样子，觉得这么简单的问题都不会回答吗？其实，出现这种情况，责任不在于被告人，恰恰在于辩护律师。在庭前，辩护律师没有提前就具体问题和被告人沟通好，到了庭上就必然充满了不可测的风险。具体问题的沟通方法如下。

1. 制作发问提纲

如果案件简单，被告人对事实和证据也没有争议，那么在发问环节就无须问太多，辩护律师按照时间等顺序排列问题即可。但是如果案件复杂，比如涉及的事项众多、起诉的罪名众多，辩护律师在提问时便需要分出层次，按照一定的主题、逻辑对问题进行分组，而不是杂乱无章地堆砌问题，让听者摸不着头脑。

在分组时，既可以按照指控事实的顺序分组，也可以按照犯罪构成要件分组，每一组下面有若干问题，每组问题前面可以加个小标题。不要轻视小标题的设置，它可以起到提纲挈领的作用，简单的一句“下面，关于某某方面，辩护人问你一组问题”，这就可以迅速让他人明白辩护人发问的目的与焦点，有利于辩护人迅速把信息清晰有效地传递到法庭。辩护人发问是给谁听的？当然是法官，要让法官听得清楚、听得明白。在繁忙的事务中，法官也希望你问得清晰、简洁、明了，而不是杂乱无章、东一榔头西一棒槌，否则法官可能对辩护人的能力产生怀疑甚至不信任。

2. 做好发问预演

辩护人要就每个分组内的每个问题，逐一与被告人沟通，边沟通边修改、边修改边演练，这就相当于彩排。最后要做到在法庭上辩护人怎么问，被告人怎么答，双方都心中有数。这时千万不要怕麻烦，否则庭前省事了，庭上就可能出事。

这里要注意，具体问题的沟通应当“到位不越位”，辩护人千万不能手把手地教被告人如何回答。关于事实究竟是怎样的，辩护人应当要求被告人实事求是，要客观地帮被告人分析法律利弊，而不是自己“撸起袖子上”：“你要怎么怎么说才行。”对于事实问题，尤其涉及翻供的问题，绝对不能这样教被告人。否则，既有悖于律师职业道德和自己内心的价值观操守，甚至还可能涉嫌《中华人民共和国刑法》第306条规定的辩护人伪造证据罪，这是悬在每一位辩护人头顶的“达摩克利斯之剑”。

在辩护过程中，辩护人要坚持自己内心的价值观操守，不能为了胜诉就不择手段。当前，社会上有一些人对律师有一种偏见，说律师就是为坏人辩护的，黑的说成白的，白的说成黑的。说实话，走上被告席的某些人的确是有罪的，可能就是人们口中所谓的“坏人”，但是，律师绝不是为坏人的“坏”而去辩护，而是为坏人的“人”辩护，律师的职责是维护被告人的一切合法利益，使他能够公正地接受法律的审判，而绝不是维护被告人的一切利益甚至非法利益，使他逃脱本应受到的惩处。所以，律师不能利用自己的法律知识，怎么有利就教被告人怎么说，甚至明目张胆地唆使被告人翻供，这样做既对不起自己的良心，也对不起当年学习法律的初心。

3. 进行问题预测

在法庭上，被告人不仅要接受辩护人的发问，还要面对公诉人和法官的讯问，尤其是公诉人的讯问攻势可能会非常凌厉和不留情面。对此，辩护人能否提前预见到、预见准并且找到应对方案，最能体现律师的真功夫和硬水平。辩护人要在吃透案情的基础上，结合执业经验，帮助被告人明白公诉人、法官讯问的不同立场和角度，让其注意回答问题时的方法和态度。甚至辩护人在会见时，还要模拟公诉人就一些棘手的问题对其进行讯问的情景。

作为辩护人，如何才能让被告人信服呢？不能只会介绍法律法规的条文，打印一堆法律法规条文带到看守所去，给被告人看、读给他听，被告人需要了解的是法律法规条文背后的东西。当辩护人能够提前预测到警察、公诉人、法官的问题，并且帮被告人分析为什么会这么问，什么样的回答会有什么样的后果，案件的可能走势是什么，〔1〕并且分析得准、分析得对，那么被告人或者委托人怎么可能不信服辩护人呢？从此以后，辩护人就成为他最可依赖的人，将来就不可能把辩护人换掉。

那么，预测能力从哪里来？绝不仅仅只靠书本知识，更多的是丰富的实务经验，包括对司法机关办案规律的把握、侦（调）查程序的了解，以及各类办案人员心理的揣摩。因此，辩护人平时就要多留心、多积累、多揣摩，有意识地锻炼这些能力，而不是死啃书本、死搬教条，只有这样，才有可能成为

〔1〕需要再次特别强调的是，律师对被告人的庭前辅导一定以实事求是为前提，不能引导被告人歪曲事实，故意虚假供述。

一名优秀的实务型刑事辩护律师。

（三）沟通辩护思路，应对突发状况

庭审是瞬息万变的，再厉害的辩护人也不可能预测到公诉人的所有问题，不可能预测到庭上的一切突发状况。所以辩护人还要与被告人充分沟通辩护思路，让被告人真正理解辩护的发力点在哪里，辩护主要从哪个方面、哪些角度入手，只有被告人真正理解了，他才能在法庭发问环节尤其是被控方讯问时始终站稳立场。常见的辩护思路包括无罪辩护、罪轻辩护、罪名异议辩护等。

如果被告人不理解辩护思路，不明白辩护的发力点，一旦碰到庭审突发状况，被告人就会不知所措、进退失据。庭审中，公诉人突然抛出一个问题，庭前确实也没预测到，这时候辩护人不可能现场指导，只能靠被告人自己回答。如果被告人对辩护思路有较为透彻的理解，他的回答至少不会离谱。

总而言之，凡事预则立，不预则废。辩护人在走上法庭之前，必须对被告人进行充分的庭前辅导，这是成功进行法庭发问的基础保障。那么到了法庭上，应该如何向被告人发问呢？请看第二个锦囊。

二、锦囊二——明知故问，掌控答案

在案件的侦查、审查起诉阶段，辩护人一般都要去会见犯罪嫌疑人，向犯罪嫌疑人询问案情。等到了法庭上，辩护人向被告人发问，问的依然是案情。贯穿诉讼全过程，辩护人的重

要工作就是先熟悉掌握案情和证据，然后在明知答案的基础上，在法庭上合理引导被告人将有利于辩护的合法合规信息呈现给法官。

（一）精心准备，增强明知故问的底气

辩护人要想对法庭发问做到明知故问、游刃有余，必须在庭前做好精心的准备。

一是对案卷材料要非常熟悉。我们绝对不敢相信一个连卷宗证据都不熟悉的辩护人在法庭上能组织出一连串精妙绝伦的发问。辩护人需要彻底研究案件的所有方面，熟悉所有证据材料。

二是庭前辅导要非常精细。正如前面所说的，辩护人需要就辩护思路和每个具体问题与被告人充分沟通，按照既定思路设计问题，这样才不会在法庭上“翻车”。这个世界上从来没有无缘无故的成功，要想在法庭上有大师一样精彩的表现，一个重要的秘诀就是准备、再准备！

（二）小心求证，夯实明知故问的基础

1. 庭审前会见，从不知到知

在侦查阶段与犯罪嫌疑人会见，这时候辩护人还看不到卷宗材料，会见的主要目的在于根据需要了解案情，提供法律咨询。在审查起诉阶段，辩护人已经看过卷宗，律师会见就是根据需要核实案情，同时从犯罪嫌疑人处寻找有利于辩护的线索。以上两种会见，都是辩护人主动向犯罪嫌疑人获取信息的

过程——这是一个从不知到知的过程。

2. 庭审中发问，从知到周知

在法庭审理中，辩护人应该已经对案情了如指掌，这个时候发问被告人，就不再是为了获取信息，而是向法庭提供信息——这是一个从知到周知的过程。法庭上向被告人发问，看上去辩护人不知道答案，其实都知道，之所以发问，不是辩护人想知道，而是为了让法庭知道。

庭审中发问的目的包括：向法庭展示有利于辩护的案件事实，使这些事实更加突出，留给法官更加深刻的印象；限制回答范围，避免提供不利于辩方的信息；引导审判流程，确保法庭关注对辩方有利的事实，等等。

虽然我们心里明明知道答案，但是根据法庭规则，辩护人不能越俎代庖陈述事实，必须通过被告人之口，将他所知道的事实告诉法官。这就叫“明知故问”！

（三）审慎冷静，限定明知故问的范围

辩护人千万不要兴之所至，或者无意识地向被告人抛出一个自己都无法确定答案的问题。假如被告人给我们一个出人意料的回答，很可能不是意外的惊喜，而是意外的惊吓。

| **示例 6－1** | 发问被告人试图甄别本案的主犯

辩护人：李某，你们几个人去绑架，是谁提出的？

李某：好汉做事好汉当，是我提出的。

辩护人：是谁提出杀害人质的？

李某：也是我提出的，因为人质只认识我一个，我害怕人质报警。

本示例中，辩护人在没有提前沟通的情况下贸然发问，没想到被告人却信口开河、感情用事，选择了大包大揽所有的责任。庭审中，突然遭遇这样的意外，辩护人原定的辩护策略必然会被彻底打乱。

在法庭上，对辩方有利的话，法官未必轻信，但是对辩方不利的话，被告人一旦说出口，就如同泼出去的水，很难扭转法官的印象。所以，对被告人发问，一定要明知故问，不知道、不确定答案的坚决不问。辩护人在法庭上，就是要通过掌控问题，进而掌控答案，最终达至最佳效果。

三、锦囊三——因人而异，灵活发问

作为一名合格的法庭发问者，必须根据不同情况，熟练地选择运用开放式问题和封闭式问题进行发问。

（一）开放式与封闭式问题

开放式问题是指提问比较概括、广泛、范围较大，通常包含“什么”“如何”“为什么”“能不能”等词，答案具有不确定性、范围较广、回答者可以自由陈述的特点。

| **示例 6 –2** |　开放式发问法

当你进入大厅时，看到了什么？

你能否描述一下打斗是如何开始的？

他为什么要送钱给你？

封闭式问题是指答案具有唯一性、范围较小、有限制的问题。对于封闭式问题，只能用肯定或否定的词语回答“是”或“不是”、“有”或者“没有”。

| **示例 6－3** | 封闭式发问法

打斗发生当晚，现场是否人很多？

你有没有去过案发现场？

只有你们两个人分到这笔钱吗？

你是否送钱给甲了？

（二）开放式与封闭式问题的选择

对于开放式问题，回答者能够自由发挥，其答案是不确定的，不可以仅仅简单回答“是”或“不是”，而需要提供一定的信息。需要强调的是，答案的不确定性只是相对不确定或者是形式上的不确定，主要内容或者回答的实质性内容还是具有确定性的，否则辩护人对发问失去了掌控，发问效果将无法保证。

辩护人发问本方被告人，原则上优先使用开放式问题，[1]发问的目的就是希望通过被告人之口自然流畅地向法庭展示一个无罪或者罪轻的事实。通过开放式问题，给当事人提供了一

〔1〕 辩护人发问控方证人或者其他被告人时，原则上优先使用封闭式问题发问。

个打开话匣子的机会，让其能够向法庭提供清晰完整的信息，准确全面地再现案件的事实。用这样的方式讲述一个事实，会有什么效果呢？会给法官和听众更强的真实感，更容易被法官认可和采信。而且，正如前文所讲，辩护人对被告人发问，主要是明知故问，发问的问题，被告人事先都知道要怎么回答，庭前进行过沟通，基本心里有数，被告人可能在表达效果上，有的表现好一点，有的弱一点，但大方向基本不会跑偏，所以辩护人可以大胆地使用开放式问题，让被告人自由陈述。

相反，如果从头到尾都是采用封闭式问题，一问一答，引导自己的被告人回答对我方有利的问题，虽然也能达到讲述事实的效果，但毕竟在流畅性上差了很多，而且一旦引导过头，给人的感觉就像演双簧，一唱一和，显得生硬、不真实，容易让法官感觉是辩护人在利用发问技巧，引导被告人逃避法律追究，效果并不好。

所以，在和被告人接触时，一旦发现被告人的表达能力比较强，那么辩护人在法庭上就可以大胆地对他说："请你向法庭陈述一下，当时你为什么要做这个举动？"被告人就会滔滔不绝地把当时的情况讲出来，这种效果往往比律师一个问题接一个问题地引导被告人更好。

（三）选择发问方式的注意事项

第一，开放式发问一般适合于表达能力较强的被告人，但是有些被告人文化水平不高，表达能力也较差，还容易紧张，这时就不适宜让他们自由发挥，因为超出他们的能力范围了。

对于这样的被告人，辩护人可以适当减少开放式问题的发问，多问简单问题，一条一条问。如果被告人回答得很散，有的时候可能还要打点“擦边球”，辩护人帮他归纳总结一下，再问他：“你想表达的是这个意思吗？”这个时候，要特别注意，不能扩大引申被告人的原意，否则就会有诱导、误导的嫌疑，而遭到公诉人的反对或审判长的制止。

第二，运用开放式问题时，要引导被告人聚焦重点回答。有的被告人虽然表达能力还可以，但是讲着讲着会跑题，所以要注意倾听，必要时及时打断他。因为律师是经过了大量专业训练的，知道对照犯罪构成要件，哪些是重点情节，哪些是无关紧要的情节，重点的就着重讲，无关紧要的就一笔带过。但是被告人毕竟没有经过专业训练，没有这个法律素养，虽然已经经过了庭前辅导，当时好像听明白了，但是到法庭上，很难确保不会有意外。这个时候，作为辩护人，就得打起精神来，不能任由被告人天马行空、胡乱发挥。如果被告人大量地、不加重点地陈述，反而有可能强化对其不利的信息，而有利的信息没有重点陈述出来，原因就在于其不知道哪句话在法律上有用，哪句话在法律上没用。辩护人必须时刻准备及时打断，如果跑题了要把被告人拽回来，不要等到审判长去打断；如果重点不突出，辩护人还要帮被告人停顿一下，比如说：“请等一下，你刚才讲借这笔钱时还有某某在场听到了，确定吗？他是什么人？能替你证明吗？”因为这条信息很重要，辩护人需要通过打断的方式把这条信息拎出来，引起法官的注意，否则一个走神，就在被告人滔滔不绝的讲述中漏过了重点信息。

所以，在法庭上向本方被告人发问，辩护人原则上以开放式问题为主，但是要根据被告人的实际情况，作灵活的调整。

四、锦囊四——直面矛盾，不要回避

在发问环节，那些看起来对被告人不利的情节要问吗？辩护人应当根据具体情况的不同，有的时候必须要直面矛盾，不要回避。

辩护人容易有的一个倾向是：在法庭发问时“只立不破”，只问有利于被告人的情节，对被告人的不利供述或其他不利证据丝毫不敢触及，将不利供述或其他不利证据当成一块烧红的烙铁一般，不碰不提，就当它不存在。但是，法官可不这么想，因为他在开庭之前已经充分阅卷，对很多证据已经了然于胸，甚至已经形成内心预判，他们对卷宗中已经存在的不利供述等不利证据，绝对不会视而不见。所以，辩护人不能习惯性回避，应当“有立有破”，敢于针对不利供述等不利证据进行发问，关键是要引出合理的解释，这才是辩护人的真正目的。当然，如果存在矛盾，且依据案件事实和证据能够预判被告人作出的解释缺乏合理性，此时，辩护人则没有必要去揭露、解释矛盾，否则将充当公诉人角色。

示例 6-4　辩护人直面矛盾发问[1]

辩护人：我们留意到，你在××××年××月9日和同月

〔1〕 参见赖建东：《庭审发问技巧：向自己的当事人发问的方法和思路》，载知乎网2020年3月2日，https://zhuanlan.zhihu.com/p/114962923。

10日的两次笔录，是认罪的，而此前和此后的所有笔录都是无罪辩解的，前后相差那么大，你怎么解释？

被告人：我一直都坚持认为自己是清白的、无罪的。这两次有罪供述过程是这样的……总之，就是他们逼着我，不签字我就有生命危险，没办法，他们说什么就是什么吧，我签字认罪。签字认罪的当天他们才让我取保候审，让我去医院就诊。

辩护人：你说身体不好，有生命危险，有什么证据？

被告人：当时看守所民警带着我去中心医院做了一次医学鉴定，结论显示我当时患有重大疾病，看守所在鉴定意见书上写"不合适羁押，建议取保候审"。

辩护人：医学鉴定书是什么时候出具的？

被告人：在认罪笔录之前2个月。

辩护人：这2个月期间，你有没有申请取保候审？

被告人：有，申请了多次，口头和书面的都有。

辩护人：批准了没有？

被告人：一直都没有。

辩护人：那后来不是取保候审出来了吗？

被告人：就在认罪的那一天放出来的。当时他们跟我耗了2个月之久，我申请取保候审，他们不批。他们说，我不认罪怎么放了我？认罪就放，不认罪就等病发等死。没办法，他们说什么我都签字确认了。

辩护人：放出来之后，有去医院看病吗？

被告人：有，病历还在。

这个示例中，被告人在看守所有 2 次认罪笔录，法官肯定看过了，心里可能在嘀咕，被告人在里面讲得清清楚楚，一出来就翻供，态度是不是不好呀。所以辩护人并没有回避，而是通过主动发问，问清楚两次认罪笔录的形成经过和前因后果，目的就是向法官展示 2 次认罪笔录确实存在很大的问题。

这么问，表面上是质疑不利证据，实际上是给被告人一个解释和澄清的机会，以达到回应法官心中疑虑的目的。

第七讲

刑事法庭发问同案被告人的四个锦囊

- 锦囊一——分析研判“敌友”关系，因人施策
- 锦囊二——庭前供述对我方有利时，尽量少问
- 锦囊三——庭前供述对我方不利时，尝试发问
- 锦囊四——供述有实质性差异，尝试对质

辩护人在法庭上向同案被告人发问，要比向本方被告人发问难度大很多。难点就在于被告人之间的利益可能并不一致，辩护人庭前很难预测对方的态度，即使已经通过阅卷看过同案被告人的供述笔录，但仍然不敢绝对断定他们到庭上不会改变态度，这就导致发问的风险很高。因此，如何控制风险，就成为向同案被告人发问的关键。如何发问同案被告人，有四个锦囊妙计。

一、锦囊一——分析研判“敌友”关系，因人施策

在庭前，辩护人要尽可能准确地研判出这些同案被告人到底是对手，还是队友？换言之，需要预判同案被告人之间的利益是否存在冲突，甚至是根本性冲突。这很重要，同案被告人在共同犯罪中发挥的作用不同、地位不同，辩护人的发问风险也不同。发问风险的大小，决定了辩护人是否发问以及如何发问。同案被告人和我方被告人的关系，通常有四种。

（一）队友关系

这是指同案被告人与我方被告人的利益和立场是一致的，双方是一个战壕里并肩作战的队友。

| **示例 7－1** |　共同被告人和被告单位利益一致时

在某刑事案件中，5 名被告人和 1 家被告单位均认为自己

的经营行为没有违反国家规定，系合法经营行为，所以全部坚决地选择做无罪辩护，缓刑、免刑的结果都不考虑，置之死地而后生。这种情况下，被告人之间由于整体利益的高度统一，在法庭上只会相互补台而不会拆台，向同案被告人发问基本没有风险。

| **示例7－2** | 共同被告人利益一致时

在某刑事案件中，7名被告人来自同一家公司，辩护人甲代理主犯董事长。案发后，所有人都陆陆续续取保候审，公司仍然继续正常经营，所有被告人仍然在继续工作。董事长愿意改过自新，他发话：第一，所有被告人请律师的费用，个人不用管，公司全包了；第二，我是主犯，后面宁可我坐牢，也要给兄弟们争取轻处罚。[1] 在这种情况下，其他被告人的立场就很清楚了，辩护人甲在法庭上向其他被告人发问，就没有任何顾虑和担心。

对这种辩护利益高度统一或者彼此关系牢固绑定的同案被告人，辩护人的发问风险较小，可以围绕对本方被告人有利的事项放心发问，但是也要避免发问时对其他同案被告人形成指控，破坏良好的队友关系。同时，各辩护人之间要加强沟通和合作，但是注意千万不能串供。

〔1〕 当然董事长的表态不能让其他被告人做虚假供述。

（二）对手关系

这是指各被告人之间的利益和立场是相互对立的。如对主从犯认定、主次责任划分存在争议。

案例 7－1 被告人利益对立时

在四川刘某、刘某1兄弟黑恶集团案件中，刘某就自己是否指使下属孙某某去报复杀人，强烈要求与孙某某进行法庭对质。〔1〕

刘某：王某某要炸我们公司，炸我们保龄球馆，要炸你的车，我跟你说叫你去教育他，还是我跟你说叫他们去教育他？〔2〕

孙某某：我把此事（“大叫花”王某某扬言要炸汉某公司）向你汇报了，我还跟你讲了“大叫花”是混社会的，手下有很多兄弟，你听后非常生气，让我不要怕，找几个人把“大叫花”做掉，让他以后不再找公司的麻烦。

孙某某清楚地指明了刘某下达“做掉”指示的具体时间、地点。他还证实，事发后，在刘某授意下，他安排实施杀人的被告人孙某某、唐某某、缪某等人去深圳，到刘某的朋友范某某处躲藏，并分别给予这些人奖励。

---

〔1〕参见杨维汉、邹伟、李鹏翔：《刘某等36人涉黑案一审纪实：罪证如山荡涤黑恶》，载正义网，http：//news. jcrb. com/jxsw/201405/t20140524_5306551. html。

〔2〕杀害王某某的起因是汉某公司一名员工与人发生冲突，打伤了王某某的小弟。王某某扬言要炸掉汉某公司的保龄球馆、办公室和配给孙某某的车。

刘某：（深深叹气）

……

孙某某：哥（指刘某），我觉得（你要）选择面对。

刘某：（默然不语）

根据庭审纪实可以看到，孙某某态度很坚决，对刘某进行了指控。由于法庭已经查明孙某某是一起杀人案的指使者，所以他只有供述刘某是真正的幕后指使人，才能减轻自己的罪责，才有可能避免死刑判决。

对这类同案被告人发问，必须做好打硬仗的思想准备，因为他们基于自身利益，基于避重就轻的本能，很可能将罪责推到其他被告人的身上。辩护人要深入研究他们的庭前笔录，寻找其中是否存在矛盾和漏洞，再决定在法庭上是放弃发问，还是针锋相对、迎难而上。

（三）亦敌亦友

各同案被告人之间的关系随着发问问题的变化而变化，在某些问题上存在共同的合法利益，彼此是队友关系，在某些问题上又有不同的立场、不同的利益需求。

| 示例 7－3 | 共同被告人既有共同利益也存在利益分歧时

某刑事案件有6名被告人，在庭前各辩护人之间已经达成一致辩护意见，大家都认为这家公司的经营模式只能构成经营性传销，而不是诈骗性传销，只构成行政违法而不是犯罪。因此，在涉及传销模式的建立运营不涉及诈骗财物这一关键问题上，各被告人之间的认知高度一致，辩护人在法庭上基本可以放心发问。但是，具体是谁策划、谁组织等涉及责任、作用大小等方面，各被告人之间又存在相互推诿的现象。毕竟大家都知道最终获得无罪判决是很难的，虽然认为自己无罪，同时也都想给自己留一条后路，这种心态很正常、很普遍。

对这类同案被告人发问，辩护人切忌开头就问犯意提起、责任划分等涉及定罪量刑的关键问题，容易引起对方的警觉和对立情绪，可以先问对大家有利的问题，缓和同案被告人的情绪，让其感受到辩护人的善意，然后再视情况转入责任划分等关键问题。这就非常考验辩护人的临场掌控和应变能力，必须在合适的时间节点转入存在利益冲突的问题，过早或过晚都不利于最大限度地维护本方被告人的合法利益。

（四）“吃瓜群众”

该类同案被告人在共同犯罪中并不是某些争议事实的参与者，而是一起在场的旁观者、目击者。因此，无论检察机关对该争议犯罪行为提起何种指控、辩护人采取何种辩护策略，都与他们没有直接利益关联。

| 示例 7－4 | 共同被告人以“证人”身份指认某一事实

在某刑事案件中，对我方被告人是否持械有争议，其他在场的同案被告人就相当于目击证人。对这类人的心态最不好把控、预测。辩护人庭上发问尤其要谨慎，要结合多种因素来判断。比如，其与我方被告人的私人关系到底怎么样，有没有就争议事实做过庭前笔录，有没有受到不当压力等。通常情况下，如果判断发问风险高，应当果断放弃发问此类同案被告人。反之，则可以发问。

以上就是同案被告人与我方被告人常见的四种关系。开庭之前，辩护人需要给同案被告人定性，确定不同的发问风险等级，进而制定不同的发问策略。

二、锦囊二——庭前供述对我方有利时，尽量少问

同案被告人的庭前供述对我方有利时，辩护人能否有效应对言词证据的可变性，将有利局面保持至庭审结束，与辩护人是否对有利供述进行法庭发问存在一定关联。

（一）供述对我方有利时的习惯性做法

不少辩护人有一种常见做法，就是在前期阅卷时，发现笔录中有同案被告人的供述是对我方被告人有利的，于是针对有利供述的内容，在庭审中向他们发问。目的很简单，既然之前你供述的内容对我方有利，那么请你在法庭上面对法官再讲一遍，法官也可以现场感受到有利供述的真实性，如此情景下的出庭效果将更好。应当说，这种做法大多数情况下是奏效的，同案被告人在法庭上不会改变原来笔录中的供述，发问取得了预计的良好效果。

（二）同案被告人翻供将可能改变对我方有利的局面

也有少部分案件，出于种种原因，同案被告人在法庭上突然改变了原有的说法，也就是翻供了，回答的内容变成了对我方不利，这就使发问取得了反效果。

示例7－5 同案被告人翻供

两名警察被指控犯徇私枉法罪，一名副所长指示手下的一名民警给一名取保候审的受贿人做了一份虚假的检举立功材料，目的是用到受贿案件中，这样该受贿人就很可能因为具有立功这一从轻、减轻处罚情节而被判处缓刑。

案发以后，民警交待说，的确是有这个事，其知道那份检举材料是虚假的，但是副所长并没有告诉其做这份材料是干什么用的，其也不知道那个人是另外一起案件中的被告人。那名副所长在笔录中也是这么说的，说他只是安排民警做假材料，没告诉他干什么用。如果这一事实得到确认，那么这名民警的"主观明知"就存在疑问。

这名民警的辩护人在庭上问到这个情节的时候，信心满满地问那名副所长："当时你有没有告诉民警做这份材料是干什么用的?"答："我告诉他了，有个人犯了其他罪想判缓刑，所以才安排这名民警给那个人做份虚假的检举材料。"听到这个回答，民警的辩护人当时就愣住了，完全没料到这名副所长到了庭上竟然反戈一击。没办法，民警的辩护人只能硬着头皮继续发问："那你之前的笔录为什么没这么讲呢?"答："我之前是为了保护他不想连累他，现在我想清楚了，我要实事求是。”

大家看，之前公诉人根本没问这个问题，而民警的辩护人过于自信和想当然，主动挑起了这个敏感问题，结果是搬起石头砸自己的脚，给后续的辩护造成了极大的被动。

因此，如果同案被告人的庭前供述对我方有利，那么我方在法庭上应当尽量少问。因为同案被告人的庭前供述既然对我方有利，法官在庭前阅卷的过程中已经掌握了这个情节，事情的态势本来是对我方有利的，我们保持住这份证据的效力就是成功，最稳妥的方式就是少问甚至不问，以免节外生枝。如果我们问了，当然有可能取得更好的法庭效果，但仅此而已，但是万一同案被告人在庭上改口，这个风险却是巨大的，并且风险和受益不匹配、不相称。所以，除非你有十足的把握，否则在庭上不要冒险发问，因为人心是复杂的，口供也是易变的。此时，动不如静！

（三）是否发问的影响性因素

鉴于言词证据的易变性，辩护人如果没有十足的把握，在庭上就不要冒险发问。是否发问、如何发问需要做好以下几项工作：

一是评估庭前供述的影响力。如果有利供述直接关系到案件的关键事实或能实质性地削弱控方的证据链，则应更加谨慎处理。

二是避免过度追问。当同案被告人的庭前供述已对我方被告人有利时，过度的追问可能会让同案被告人基于自我保护等原因而改变供述。

三是维持供述的一致性和稳定性。确保庭前供述与庭审交待保持一致是关键，辩护人应在不引起注意的情况下，巩固这些有利证词，而非进行深入的追问。

四是准备应对突发情况。在庭审中，总是存在不可预测的因素，如同案被告人改变供述。对此，辩护人需要提前准备备用的策略等，如提前找到印证庭前供述的客观证据，以应对突发情况，确保有利的庭前供述不会改变。

三、锦囊三——庭前供述对我方不利时，尝试发问

同案被告人的庭前供述已经对我方不利了，为什么还要在法庭上尝试发问呢？有一句著名的格言叫“永远不要问不确定答案的问题”，很多辩护人都听过这句格言并深以为然。同样，很多辩护人也深受这句格言的“毒害”。

（一）供述对我方不利时的习惯性做法

这种情形下，大多数辩护人的习惯性做法是不问，理由很简单，问出一个不利结果岂不是自找麻烦吗？一旦有辩护人看到其他辩护人向同案被告人发问，结果问出了对己方被告人不利的结果，人们就会武断地认为：你这个辩护人怎么这么愚蠢呢？不确定答案就别问，你怎么能冒冒失失地发问呢？你看，被你问出不利的回答了吧！这种想法很普遍。

| **示例 7－6** | 辩护人向同案被告人发问作案经过

辩护人：你好，我是甲的辩护人，现向你核实几个问题。

据你所知，甲有没有跟老板一起在车里一块去巡逻？

同案人：忘记了，不太记得。

辩护人：为什么你在公安机关说他是和老板，在老板车里一起去巡逻的？

同案人：应该是吧，可能是吧，好像见过他跟老板一起巡逻过。

辩护人：好像见过？就是不确定是吗？

同案人：确定，为走私望风的时候，他跟老板一起巡逻过。

对于这段发问，通常观点认为，这名辩护人犯了愚蠢的错误，他不断向同案被告人追问对自己当事人不利的事实和情节，结果问出了一个对自己当事人不利的结果，得不偿失。

（二）可以对庭前不利供述发问的情况

面对上述示例类似的情形，辩护人真的不应该发问吗？笔者的观点恰恰相反。

1. 在案证据状况决定可以发问

上面这个示例，从表面上看，是辩护人把同案被告人问成了控方证人，发问失败了。但实际上，这是辩护人面对不利局面，在法庭上的奋力一搏，虽然失败了，但勇气可嘉。因为在这个示例中，同案被告人在公安机关已经做过笔录，指证被告人坐老板的车一起巡逻。就在案证据来说，已经没有比这更糟糕的结果了。如果不问，法官难道会对这些不利的庭前供述视而不见吗？他同样会采纳为定案的根据。虽然在法庭上，这名同案被告人开始说记不清了，但这显然是不够的，因为法官仍然会采信他的庭前供述。只有继续追问下去，并推翻他原有的供述，才会动摇法官的内心确信，让法官对前后不一的供述究竟孰真孰假心生疑虑。

好似拳击比赛进行到最后一回合，我方已经大比分落后，此时只有破釜沉舟、绝地反击，才有可能寻找到对方的漏洞从而绝地翻盘，而不是四平八稳地坐以待毙。所以，当辩护人在法庭上遇到这样的情况时，只要发现有一丝疑点，请继续追问下去。唯有如此，才有可能问出疑点，才有可能问出漏洞，才有可能推翻庭前不利的供述。

2. 庭审规则决定可以发问

我们回到那句格言——“永远不要问不确定答案的问题”。这句格言来自英美法庭上的辩护人的经验总结，因为他们实行的是陪审团制度和严格的传闻证据规则，他们没有庭前供述、庭前证言程序，一切证言到法庭上说。所以他们在法庭上才不敢随意发问，生怕一不小心问出不利结果，从而推动陪审团作出有罪的判断。

在中国的法庭上，证据规则是庭前供述具有当然的证据效力，不问、不质疑就等于认可他人的庭前有罪供述，就等于接受对己方不利的结果。所以，尽信书不如无书，搞清楚了这一点，我们就不会被一些所谓的金科玉律束缚住意识和手脚。

（三）对庭前不利供述发问的注意事项

面对同案被告人庭前作出的不利供述，辩护人法庭发问需要注意以下几点：

一是保持发问的专业性和目的性。避免无目的地发问或诱导性发问。

二是充分准备。熟悉案件的所有细节和证据，以便在庭审中迅速应对同案被告人的回答。

三是在法庭上保持冷静和专业的态度。无论同案被告人的回答如何，都不能自乱阵脚。

四是揭示供述矛盾。通过发问，指出同案被告人供述中的自相矛盾之处或与其他证据不一致的地方，以削弱其供述的可信度。

五是利用案件细节。对同案被告人供述中的具体案件细节进行提问，特别是那些细节只有实际参与案件的人才可能知晓，以此检验其供述的真实性。

六是显示同案被告人利益冲突。如果同案被告人之间存在利益冲突，如责任推卸、包揽罪责等，通过发问揭示这些冲突，以削弱其供述的可靠性。

七是突出记忆不确定性。人类的记忆本身具有可塑性和易受干扰的特点，辩护律师可以通过科学依据和有效提问，揭示记忆可能存在的错误或偏差，从而削弱控方的证据链。如，发问同案被告人关于案件具体细节的记忆确定性，特别是如果他们在案发后很长时间才被询问，那么记忆的准确性可能会受到质疑。

四、锦囊四——供述有实质性差异，尝试对质

在法庭上，我们经常会看到，两名或者多名被告人之间就

同一事实的供述各执一词甚至大相径庭，这样的场景多出现在同案被告人互相推卸责任的案件中。在这种情况下，辩护人应该在仔细阅卷的基础上提前预判，在法庭上尝试运用对质的方法来澄清事实、查明真相。

（一）对质的含义

什么是对质？在日常生活中，人们受到中伤和污蔑时，经常会义愤填膺地说：“他在造谣撒谎，他敢过来和我对质吗？”由此可见，生活中的对质就是指让二人同时到场，面对面地进行质问。为什么需要对质？因为背刺他人总是心无顾忌，如果让其当面撒谎则会承受更大的心理压力，在场的其他人也更容易从双方的神情举止中发现端倪，辨别真伪。

根据现代汉语词典的解释，对质是指诉讼关系人在法庭上面对面互相质问，也泛指和问题有关联的各方当面对证。还有权威观点认为：对质指两人同时在场，面对面互为质问。庭审对质，是以法庭为空间，在相关人证，包括被告人、被害人、证人之间，就言词证据存在的矛盾进行当面质证以辨别真伪。

（二）对质的相关法律规定

对质在《中华人民共和国刑事诉讼法》中并没有明确规定，但在相关司法解释、规范性文件中均有相关规定。

《最高人民法院关于适用〈中华人民共和国刑事诉讼法〉的解释》第 269 条规定：“审理过程中，法庭认为有必要的，可以传唤同案被告人、分案审理的共同犯罪或者关联犯罪案件的被告人等到庭对质。”

《人民法院办理刑事案件第一审普通程序法庭调查规程（试行）》第8条规定：“有多名被告人的案件，对被告人的讯问应当分别进行。被告人供述之间存在实质性差异的，法庭可以传唤有关被告人到庭对质。审判长可以分别讯问被告人，就供述的实质性差异进行调查核实。经审判长准许，控辩双方可以向被告人讯问、发问。审判长认为有必要的，可以准许被告人之间相互发问。根据案件审理需要，审判长可以安排被告人与证人、被害人依照前款规定的方式进行对质。”

《人民法院办理刑事案件第一审普通程序法庭调查规程（试行）》第24条规定：“证人证言之间存在实质性差异的，法庭可以传呼有关证人到庭对质。审判长可以分别询问证人，就证言的实质性差异进行调查核实。经审判长准许，控辩双方可以向证人发问。审判长认为有必要的，可以准许证人之间相互发问。”

《人民检察院刑事诉讼规则》第402条第4款规定：“被告人、证人、被害人对同一事实的陈述存在矛盾的，公诉人可以建议法庭传唤有关被告人、通知有关证人同时到庭对质，必要时可以建议法庭询问被害人。”

（三）对质的主体

对质的主体主要分为以下几类：（1）被告人与被告人之间；（2）被告人与证人之间；（3）被告人与被害人之间；（4）证人与证人之间。

需要注意的是，虽然《人民法院办理刑事案件第一审普通程序法庭调查规程（试行）》规定了被告人可以与被害人对质，但是最高人民法院、最高人民检察院的司法解释都没有规定被害人可以参加庭审对质。《人民检察院刑事诉讼规则》第402条第4款中，仅规定“必要时可以建议法庭询问被害人”，这主要是考虑被害人隐私及被害人权益保障，避免被害人受到“二次伤害”。因此，在庭审时，原则上公诉人会提请法庭不许可被害人出庭对质，除非被害人主动同意出庭对质。

值得注意的是，在我国刑事法庭上证人和被害人出庭率极低，因此，对质通常在共同犯罪案件的同案被告人之间开展。

（四）对质的启动

对质启动的前提是供述或证言之间“存在实质性差异”，对质的目的就在于解决这种证据间存在的矛盾。所谓“存在实质性差异”，通常认为是指影响定罪量刑的关键事实或情节的差异。

根据前述规定，对质是法院认为需要时所启动的一种法庭调查方式，程序的启动权在于法院（根据《人民检察院刑事诉讼规则》的规定，公诉人具有对质的建议权），一旦对质程序被启动，被告人或者证人就负有参加对质程序的义务。

虽然目前的规定将启动对质程序确定为法院、检察院的职权，并未规定被告人、证人和辩护人是否有权申请启动对质程序，但作为辩护人，不必消极地等待法庭主动启动或者公诉人建议。辩护人在法庭上主动申请就“实质性差异”进行对质，都不会被制止，只要理由阐述得当，审判长“认为必要”，往往就会同意启动。

（五）对质的方式

《人民法院办理刑事案件第一审普通程序法庭调查规程（试行）》第8条和第24条规定了对质的三种证据调查方式，即审判长直接询问各方的方式、经准许控辩双方发问的方式，以及经准许在人证之间相互发问的方式。

控辩双方发问的对质方式中，辩护人需注意以下几点：

第一，发问最好采取一问一答式，原则上不使用人证自然陈述所经历事实的开放式问答方式，这样做的好处是可以聚焦关键事实，提高对质效率，节约发问时间。

第二，可以发问一个问题，然后指定多名人证依次回答。

第三，以人证原陈述为基础，减少开放式问题，多用“是不是”这类封闭式问题。例如：“根据你刚才的陈述，在事发当晚9点，你已经离开现场，是不是?”“既然你9点就已经离开现场，而我方被告人9点半才到，你就不可能看到他参与打斗是不是?”由于这是在原陈述基础上的进阶式、质证性发问，所以并不违反禁止诱导性发问的规则。

第四，可采用追问和质疑的方法。可以要求对质主体一方或多方对证据矛盾作出合理解释，还可对不合理、有矛盾的解释进行追问和质疑。

如果发现本方被告人和同案被告人的供述之间有实质性差异，除了自己发问被告人进行对质，一般还会尽力争取法庭同意被告人之间相互对质发问。因为如果是同案被告人撒谎，那么让被告人亲自和他对质，更容易给对方压力，从而质问出真相，比辩护人亲自发问的效果好；如果是我方被告人说谎呢？这种可能性也是完全存在的，有的被告人对自己的行为心知肚明，但对他的辩护人并不讲实话，还竭力推动律师去帮他达到避重就轻的目的，那辩护人不妨顺水推舟，将难题抛给他，由他自己去解决。

（六）对质的庭前准备工作

| **示例 7 -7** | 对涉案金额展开对质

一起买卖公民个人信息案件中，涉案金额特别巨大。因为被告人能得到公民个人信息，上游公司给了他 6000 万元人民币购买信息，他收到钱后再付钱给下游购买信息。问题在于上家给他的 6000 万元是转账的，有据可查，而他付给下家的全是现金，案发之后下家说："我只收到 3000 万元现金，收到每笔现金后我都马上存在银行卡上，也有据可查。"本案中还有个负责送现金的司机说："我每次经手的现金累计起来也就 3500 万元左右。"这样中间就有了 2500 万元到 3000 万元的差额。被告人始终咬死他从中一分钱没赚，收了 6000 万元，也送了 6000 万元，还要辩护人帮他想办法。因为他也知道，个人违法所得的多少不仅关系到刑期轻重，还关系到退赃和罚金的多少。但是实话实说，除了分析现有的证据，辩护人能帮他想什么其他办法呢？肯定不能帮他找那个司机改证词。后来辩护人就跟这名被告人说："你既然说自己一分钱没赚，我给你

争取个机会到法庭上去对质吧！关于对方究竟收到你多少钱，你自己问他，效果比我问要好。”听辩护人这样一讲，他也表示同意。

所以说，法律事实和案件事实是两回事，辩护律师不用大包大揽，辩护人毕竟不是案件事实的亲历者，关于事实真相，有时候交给被告人自己去处理，辩护人尽力帮他创造条件就够了。

1. 如何创造对质条件

在法庭上临时口头申请当然可以，但最好庭前与法官先行沟通，因为对质不是庭审的必经环节，是否进行对质，决定权在审判长。辩护人可以庭前与审判长口头交流一下，说明被告人的供述之间“存在实质性差异”，申请进行对质并允许被告人之间相互发问，法官一般都不会武断拒绝，毕竟对质有利于查明案件关键性事实。如此提前沟通的好处就在于事先布下了一个“对质的战场”，在精心准备的基础上，可以打对方一个措手不及。

如果被告人并没有太强的对质需求，辩护人对效果也是可预见的不乐观，那么就不用主动向法官提出申请，但是要提醒被告人，在法庭上，即使辩护人不申请，法官也有可能主动启动对质程序，被告人要有思想准备。

2. 如何进行对质辅导

被告人大多没出过庭，根本不懂如何对质，如果辩护人不辅导被告人，很容易就会出现下述的对质场面。

| **示例 7-8** | 无准备的对质场景

被告人：你到底收到我多少现金？

同案人：3000 万元。

被告人：我明明送给你 6000 万元。

同案人：你就是给我 3000 万元嘛。

被告人：你胡说八道！

同案人：你才胡说八道！

被告人因为不懂发问的基本方法，就很容易形成简单的互相否定和指责，从而演变成一场争吵和闹剧，这根本达不到对质的效果。

那么，辩护人应该怎么辅导被告人进行对质呢？一般要掌握以下四点技巧：

第一，要做好对质前的心理建设。对质的内容与各被告人的利益息息相关，各被告人不可避免地会站在本方立场上作出回应，甚至是违背实际情况作出回应，可能会出现庭审中情绪失控的情况。因此，辩护人应当辅导被告人如何控制情绪、保持冷静，并保持发问和回答的连贯性和一致性。冷静的情绪更有利于被告人有效地应对对质。

第二，不要直接问结论，要从细节问题入手。不能直接问："你到底收到我多少钱？"对方只要不是个智障人士，肯定一句话顶回去："你就给我 3000 万元呀！"局面一下子就僵在那儿了。所以对质不能太直接，要讲究技巧和方法，适当迂回一下。辩护人要辅导被告人这么问："当时我们俩开始是不是这么谈价格的?”“信息是不是按这样的标准付钱的?”“每月是不是付这个数?”“前后 2 年是不是一共送了这么多次?”“每次送钱是不是都有电话和微信联系?”等诸如此类的问题，只有从细节入手，被告人才不会上来就问崩掉，才有可能逐渐问到对方没有觉察到的软肋之处，才能保留希望的火种。

第三，庭上态度要坚决，不能畏畏缩缩。对质的时候，法官在上面看着，被告人相互发问的时候，法官也在观察，如果被告人表现得细声细气、畏畏缩缩甚至结结巴巴，可能给人留下心虚没有底气的印象。

第四，要从最可能给出有利答案的同案被告人开始问。假如同一桩争议事实，涉及几个同案被告人，就要仔细分析，谁最有可能给出有利答案就先问谁，道理不言自明。其实，公诉人在法庭上也经常采用这种策略，往往都是先讯问认罪态度好的被告人。在其供述后，再向不认罪的被告人讯问，目的就是给法官造成“先入为主”的印象，同时给不认罪的被告人施加强大的心理压力。

在辅导时，辩护人不需要与被告人讲太多，在有限的会见时间里也无法辅导太多，太多也无法消化，一般做到以上四点足矣。

第八讲

刑事法庭发问控方证人的七个锦囊

- 锦囊一——安全性问题先行，放松其戒备心理
- 锦囊二——用封闭式问题控制控方证人的回答
- 锦囊三——从多角度质疑控方证人的可信度
- 锦囊四——采用对比法攻击控方证人证言的可信度
- 锦囊五——采用归谬法攻击控方证人证言的可信度
- 锦囊六——适可而止，没必要逼迫控方证人改口
- 锦囊七——发问完毕后有问有评及时质证
- 向控方证人发问的步骤

难度最大、最能体现辩护人智慧和技巧的环节就是对控方证人[1]发问。对控方证人的发问要领，可总结为两个关键词：控制 + 攻击。为什么对控方证人要控制？既然是控方证人，他的态度必然是抵触的、抗拒的，不会轻易配合，而且会乘机释放种种不利信息。所以在发问过程中，辩护人不能任由控方证人自由发挥，要把他控制在既定轨道上。在通过发问控制住控方证人后，辩护人就要着手展开攻击，主要攻击两个方面：控方证人的可信度和证言的可信度。本讲具体介绍在法庭上如何对控方证人进行有效的控制和攻击。

一、锦囊一——安全性问题先行，放松其戒备心理

（一）安全性问题先行的缘由

所谓安全性问题先行，就是先从简单问题或者没有争议的问题开始发问，这样有助于放松控方证人的戒备心理，为辩护人之后的实质性提问创造有利条件。

因为控方证人走上法庭后，他的内心一般是紧张的或者是对辩护人的问题保持高度戒备的，回答问题之前会反复思考该如何回答，最终回答问题的思路一般会与庭前陈述保持一致。

〔1〕为方便归类讨论，本讲所指的控方证人是一个集合概念，只要是站在指控被告人立场上的诉讼参与人，都归为一类，包括控方证人、被害人、鉴定人、出庭侦查人员，以及前文所述的对我方不利的同案被告人等诉讼参与人。

换言之，在走上证人席时，控方证人的立场是指认存在犯罪行为。如果辩护人从开始就火力全开与控方证人展开激烈对抗，只会强化控方证人的紧张或戒备心理，不利于展开法庭发问。所以要先通过普通的安全性问题，放松控方证人的戒备心理，建立起轻松的沟通氛围，将其逐步引到进攻性发问的主阵地中。

（二）安全性问题先行的示例

国外一个经典案例充分说明了这一点，在发问对象放松戒备心理后，有时能够收获令人惊喜的发问效果。

｜示例 8－1｜ 通过安全性问题自证其错

原告是一名工人，他因撞击的力量从车子的平台被抛到街道的人行道上，造成肩膀脱臼。他为自己作证说，他受到了永久的伤害，以致无法像平常一样工作，因为他的手臂不能举到肩膀的高度。律师代表铁路公司在对他进行法庭盘问时，质问证人几个对他的伤害表示同情的问题，与他建立友善的基础，建议他最好能向陪审团展示自从他受伤后手臂能举高的极限。原告缓慢且相当费力地将手臂举到肩膀的高度。律师紧接着说："现在，用同一只手臂，做给陪审团看，在未受伤前它能够举多高。"只见证人将手臂尽可能举高超过头部，整个法庭和陪审团席哄堂大笑。[1]

〔1〕 参见［美］弗兰西斯·威尔曼：《交叉询问的艺术》，周幸、陈意文译，红旗出版社 1999 年版，第 47 页。

这就是在法庭上律师通过巧妙的问题引导，让发问对象逐步放松警惕，从而消除其戒备心理，最后在不经意间，他们的谎言和漏洞就容易被暴露和戳穿。在刑事案件中，也可以采取相似的方式发问控方证人。

| **示例 8－2** | 辩护人向侦查人员发问

辩护人： 您好，我是甲的辩护人，我下面开始发问，根据人民警察法、警察誓言等，人民警察应当具有保护人民、打击犯罪、忠于法律、不怕牺牲的精神，这种精神您是否具备？〔1〕

警察： ……（沉默）

公诉人： 审判长，公诉人认为这个问题与证据合法性没有必然联系，请辩护人有针对性地提问。〔2〕

辩护人： 那是你公诉人的个人观点，我认为有联系。证人可以拒绝回答，但你没有权力禁止我发问。〔3〕

审判长： 辩护人问其他问题，就案件事实来问。〔4〕

辩护人： 我现在正在"就这个案件的事实"来问……

---

〔1〕 辩护人一上来就问对方这种高度疑似挖坑的问题，只能使对方更加戒备和防范，不利于之后发问的推进。

〔2〕 侦查人员是"刑事大控方"的重要组成人员，工作立场与公诉人基本一致，因此，对于辩护人提出的一些疑似违反庭审规则的问题，公诉人会及时提出异议，维护指控效果。

〔3〕 公诉人确实没有权力禁止辩护人发问，但是在一些非实质性问题上，辩护人主动与公诉人针锋相对，实际价值不大，反而会让庭审全程都充满对抗性，辩护重点难以凸显，辩护效果不理想。

〔4〕 发问的内容应当与案件事实有关，这是《最高人民法院关于适用〈中华人民共和国刑事诉讼法〉的解释》中的规定。

警察： 我今天出庭说明情况，律师的问题与我要说明的情况好像没有关系，请求审判长决定。

审判长： 辩护人问其他问题。

辩护人： 当然有关系，人民警察打击犯罪连牺牲都不怕，还怕当庭说明情况？

审判长： 请辩护人问其他问题！

辩护人： 好吧，我尊重审判长的决定，问下一个问题，您是什么时候接到出庭通知的？〔1〕

警察： 9月9日。

辩护人： 您接到这个出庭通知以后，心里害怕吗？〔2〕

公诉人： 审判长，反对。公诉人还是认为这个问题与证据收集的合法性没有任何联系。〔3〕

通过以上示例，大家体会一下，辩护人发问的目的应当是揭示证言中的不实之处，而不是与控方证人作无谓的口舌之争。如果开始就使用挑衅性的问题发问，结果必然是加重对方的抵触和戒备心理，使发问难以深入。既然如此，辩护人换一种方式，采用柔和的方式切入，用简单的安全性问题来问，反而效果可能更好。常见的安全性问题包括普通的案件程序事

〔1〕 这是一个很好的安全性问题，既与本案有关又显得没有危险，可以降低证人的戒备和对抗心理，避免不必要的争执。可以从这种安全性问题逐步过渡到进攻性问题。

〔2〕 这又是一个挑衅性的问题，没有必要。

〔3〕 再次遭到公诉人的反对，且反对理由是成立的。

实[1]、与案件相关的时间地点等细节[2]、物证的来源等基本情况、案发时证人的身体情况及情绪等。

二、锦囊二——用封闭式问题控制控方证人的回答

封闭式问题和开放式问题是相对应的一组概念。作为辩护人，要根据不同的场合和对象，熟练自如地使用不同的问题。

（一）封闭式问题优先的缘由

前文阐述发问被告人的时候，讲到要努力让他自然流畅地陈述一个对己方有利的事实，所以原则上优先使用开放式问题，那么在发问控方证人时还能这么做吗？

对象变了，肯定就不能了。如果说辩护人对被告人发问的关键在于引导，那么对控方证人发问的关键就在于控制，不能给他太多空间自由发挥、过多解释。那么，最好的控制手段就是使用封闭式问题。

辩护人不能让控方证人天马行空地陈述，因为他讲述的大概率不是我方需要的，而且可能会放大对其有利的方面，控方证人是站在控方立场上，他出庭的目的就是指证被告人构成犯罪，陈述的事情极有可能对被告人不利。辩护人需要尽力发现控方证人证言的破绽和漏洞，从而质疑他所陈述的事实的可靠性。所以，辩护人绝不能多使用开放式问题，这很危险，控方证人不但不会配合我方，甚至会利用这个机会大量地倾诉对我

〔1〕 如，何时收到出庭通知书。
〔2〕 不涉及证人对事情的具体看法或判断。

方不利的信息。比如，辩护人发问鉴定人："请你将本案物证的鉴定过程，向法庭做一下说明。"这时候，鉴定人就会滔滔不绝地将他依法鉴定的过程，介绍得完美无缺，法庭上的任何人听过之后，都会对鉴定意见深信不疑，这绝不是辩护人想追求的效果。所以，辩护人对控方证人切忌使用过于开放的问题。

在美剧的法庭片里，经常能看到律师走到证人面前，两眼直勾勾地盯着对方的眼睛，大声地咆哮"你现在只要回答是，还是不是！不用解释为什么！"为什么这么问呢？他就是通过这种发问方式将证人的回答范围给锁定了，证人只回答是或者不是，只能选择其一。所有的结果，辩护人都可以预见，这样才可能取得比较好的发问效果。

（二）运用封闭式问题存在的弊端

封闭式发问有威力和效果，但是，不能忽视封闭式发问的弊端，它是一把双刃剑。

第一，封闭式问题一不小心就会滑向诱导性问题。譬如："你去没去过案发现场？"这是个封闭式问题。但是如果辩护人求胜心切，内心迫切希望对方按照自己的意图回答，那么可能就会变成："你没去过案发现场，是不是？"这就不仅是个封闭式问题了，还是个诱导性问题了，有可能被反对和打断。所以，辩护人在设计封闭式问题时一定要注意，不要变成诱导性发问。

第二，封闭式问题会激发证人的抵触情绪。封闭式发问的控制性很强，给证人带来的心理压力比较大，而证人往往从内心深处就是不想配合辩护人的，容易抗拒，也容易恼火。如辩护人向侦查人员提出封闭式问题，类似于被当庭接受盘问，职业特性决定了证人不想接受该种发问方式，对辩护人的问题自然爱搭不理。

（三）运用封闭式问题应坚持的原则

辩护人发问控方证人，要把握两个原则：

1. 辩护人心态要好，不要和控方证人做无谓的争吵

一旦辩护人和控方证人在庭上吵起来，那就意味着辩护已经失败，控方证人不可能再配合。辩护人也因此丧失了作为发问者的优势地位，把自己等同于一名普通的争吵者，更糟糕的是，辩护人的吵架水平可能还不如对面的控方证人。所以，在任何时候，辩护人都要保持冷静，沉着应对。

| **示例 8－3** |　辩护人向不太配合的鉴定人发问

鉴定人：你能不能问点有水平的问题？

辩护人：对不起，我只会问没水平的问题，你也有义务回答没水平的问题。[1]

这种不卑不亢的态度很值得律师学习。辩护人没有恼羞成怒，也没有被打个措手不及，而是沉着冷静，用简单的一句话

---

〔1〕 辩护人没有发火，而是沉着地回应。

就把对方驳回去了。

2. 问题可以犀利，语气不要过于咄咄逼人

很多时候控方证人不配合辩护人的发问，往往不在于问题本身，而是反感辩护人的发问态度。尤其是辩护人对被害人的发问，更要注意发问语气，被害人本来已经遭受了创伤，辩护人要体谅对方的心情，不能居高临下把被害人当罪犯一样审问。这个度如果把握不好，说一些过头话、过分话，可能辩护人刚迈出法庭，迎来的就是“板砖”伺候。

｜**示例 8－4**｜　辩护人出言警告或者指责证人

辩护人：证人，今天是正式庭审，辩护人再次警告你，不得故意撒谎，请你端正态度。

法官：（打断）辩护人，你直接发问就可以了，证人是否撒谎，本庭会作出判断。

证人：你凭什么毫无根据地说我撒谎？

｜**示例 8－5**｜　辩护人出言讥讽被害人

辩护人：被害人，你说你被打后卧床休养3个月，至今还无法恢复工作，我看你今天出庭精神抖擞得很啊，你未免太夸大其词了吧？

被害人：那说明你的眼睛不好吧。

辩护人当庭提出上述问题，语气上似乎可以达到质疑证人陈述的效果，但是无法获得理想的回答，很可能招致对方反唇

相讥。因此，辩护人向控方证人发问时，可以使用一些谦称缓和彼此之间无形的对立关系，通过将问题分解、迂回发问等方式，弱化质问的语气，争取控方证人对所提问题的配合。

三、锦囊三——从多角度质疑控方证人的可信度

（一）多角度质疑控方证人可信度的缘由

证人应当客观、如实地提供证据，不得捏造事实、伪造证据进行诬告。现实生活中，有的控方证人与案件处理存在切身的利害关系，有的控方证人与被告人有宿怨、成见与偏见，还有的证人与被害人存在亲属、朋友关系等，这些都可能是控方证人作出虚假证言、歪曲事实的动机。在庭审中，辩护人可以通过发问来揭示这些关系，旨在说明这些控方证人是不可信的，不能将其证言作为判断被告人是否有罪的关键性甚至是决定性证据。这些质疑虽然可能无法直接彻底摧毁证言的可信度，但是可以大大削弱他们所作出的证言的证明力，从而影响法官的内心确信。

（二）多角度质疑证人的域外案例

| 示例 8-6 | 通过摧毁证人可信度从而摧毁证言，进而成功赢得辩护——辛普森案

20 世纪 90 年代，美国著名的橄榄球明星辛普森被指控持刀杀害了他的前妻和前妻的男友，当时出现场的一名警官叫福尔曼，他从现场提取了很多重要物证，如血手套、血袜子，因此他出庭接受了辩方律师的交叉询问。

根据美国联邦和加利福尼亚州的法律规定，如果出庭证人的品格被证明有缺陷，譬如撒谎成性或者前科累累，那么他的某些证词就不具有法律效力，特别是如果在法庭宣誓之后，证人在一部分证词中撒谎，那么陪审团可以将他的其他证词都视为谎言。所以，当时辩护律师在法庭上就首先攻击福尔曼警官有严重的种族主义倾向，曾使用过“黑鬼”这种侮辱性的词汇。福尔曼断然否认，并且对着法庭宣誓。结果辩护律师竟然找到了福尔曼以前的一份私人采访录音并当庭播放，里面称呼“黑鬼”的次数竟然达到了41次之多，于是有力地戳破了福尔曼的谎言，福尔曼的精神也彻底被律师打垮了。

后来在回答律师问他在本案中是否栽赃伪造证据的问题时，他竟然回答：“我希望维护我的宪法第五条修正案特权。”意思就是要求保持沉默，但是警察和普通证人是不一样的，作为执法者，他有义务回答这些问题，他却要求保持沉默，就相当于不打自招，变相承认自己涉嫌栽赃伪造证据。

在法庭上，检察官极其生气，在审判结束后不久，检察官就以伪证罪正式立案起诉福尔曼警官。最后福尔曼警官没把辛普森送进监狱，反而把自己送进去了，在监狱待了3年。

（三）多角度质疑证人的域内案例

辛普森案很典型，但律师采用攻击证人可信度的方法可能还不适用于中国的法庭。因为我们没有确立品格证据规则，而是“重证据，重调查研究，不亲信口供”，不可能因为证人在其他问题上撒谎就否定他在本案中所做证言的可采性。以下通过一个国内的案例，见证辩护人是如何攻击证人的可信度的。

| **案例 8－1** | 周某某受贿案〔1〕

该案证人胡某某前后作证 3 次。第一次是书面证言，承认行贿。第二次是出庭作证，结果翻证，否认了行贿，之后就出国（境）远走高飞，但是后来在各方压力下又回来，回来后的第一晚就接受了侦查机关的审讯，持续几十天，并再次承认行贿。正是在这个背景下，辩护人申请了该证人再次出庭作证。

辩护人 1：我问你，你是何时去的某某检察院？

胡某某：8 月 1 日。

辩护人 1：我问的是侦查阶段。你是 2013 年 8 月 1 日去的某某检察院吗？

胡某某：2013 年 11 月去的。

辩护人 1：你进去后第一个晚上就是在审讯室吗？

胡某某：是。

辩护人 1：有没有睡觉？

胡某某：休息了。

辩护人 1：你平常几点睡觉？

胡某某：11 点。

辩护人 1：那第一个晚上，你休息时是什么时间？

胡某某：这个……休息了一下。

〔1〕 参见易延友：《决战法庭》，清华大学出版社 2023 年版，第 101－107 页。

辩护人1： 你1962年出生，到今年53岁了，对吗？

胡某某： 对。

辩护人1： 你身体健康状况怎么样？住过院吗？做过手术吗？

胡某某： 做过。

辩护人1： 什么手术？

胡某某： 小手术。

辩护人1： 从你进去之后，第一个晚上有没有休息？

胡某某： 我说了在椅子上。

辩护人1： 第二天呢，也是在椅子上吗？

胡某某： 是。

……

辩护人1： 我问一下你的资产有没有被检察机关查封、扣押？

胡某某： 这个有一些。

辩护人1： 你个人在南昌有多少资产？

胡某某： 我想不涉及，要暴露自己的隐私吗？这和案件无关的。

辩护人2： 注意，没有钱怎么行贿呢？

辩护人1： 我还是这个问题，你的财产有无被查封扣押？[1]

---

〔1〕 这个问题和他是否能如实向法院陈述是有关的，因为从案情来看，他一开始是一个说法，后来又变更，再后来到法庭作了证，过了几个月又来作证。辩护人想知道有没有可能基于某种压力作证？这是相关的。

胡某某： 这个应该没有。

辩护人1： 还是希望证人直接回答。

胡某某： 最近还是以前？

辩护人1： 案发以后，有吗？

胡某某： 有。

辩护人1： 多少钱？是房产？还是汽车？还是债券？还是其他？

胡某某： 房产。

辩护人1： 1处？2处？还是多处？

胡某某： 几处吧。

辩护人1： 能具体说清几处吗？

胡某某： 一两处吧。

辩护人1： 2处。每处多少平方米？

胡某某： 这个没影响吧。

辩护人1： 当然有。如果是2栋别墅，每栋5000万元，那后果不是很清楚吗。所以你有必要向法庭说清楚。

胡某某： 具体多少我不知道。

辩护人1： 就知道有2处是吧？现在还有在查封的吗？

胡某某： 解封了。

辩护人1： 是在解封还是已经解封了？

胡某某：（沉默）

辩护人1： 除了房产之外，有无其他财产被查封、冻结、扣押？

胡某某： 没有。

辩护人1： 公司财产呢？

胡某某： 不太清楚。

辩护人1： 我再问一下，你刚才说的2处财产是何时被查封的？

胡某某： 具体不记得了。

辩护人1： 大体呢？哪一年？

胡某某： 没有交易，所以不清楚。

辩护人1： 总有手续吧？

胡某某： 我不是太清楚。

辩护人1： 你是说检察院没给你手续？

胡某某： 有没有不太清楚。

辩护人1： 怎么会记不清楚？你有多少财产？

胡某某： 这2处财产只是不让转移、买卖。我记不清。

辩护人1： 何时让你不可转移、买卖呢？

胡某某： 我具体记不清楚了。

……

辩护人1： 上一次作证是什么时候，记得吗？

胡某某： 上一次是什么时候？2015年2月12日吧。

辩护人1： 作证完之后你就去美国了是吗？

胡某某： 没有，先去了香港。

辩护人1： 先去了香港，后来去了美国？

胡某某： 我是去加拿大看女儿。

辩护人1： 那你去香港之后，去检察院之前，有没有回过内地？

胡某某：没有。

辩护人1：一直在国（境）外是吗？

胡某某：对。

辩护人1：这次8月1日回来是因为你哥哥给你打了个电话，劝你把问题交待清楚。这个问题上午辩护人问了。为什么给你打电话？他怎么了解案情的？

胡某某：问题要说清楚啊。

辩护人1：你哥哥怎么知道你上次没说清楚？

胡某某：他知道我在法庭上和在检察院说的不一样。

辩护人1：你在家里排行第几？

公诉人：此问题与案件无关。

辩护人1：审判长，我们了解他的弟弟在他出国（境）期间被采取了强制措施。我们认为他回来，包括到庭作证和这个事情有关联。所以我们希望法庭让证人回答。

审判长：与案件有关的话回答，与案件无关的不回答。

辩护人1：你弟弟有无被检察机关或公安机关采取过强制措施？

胡某某：和这个案件没有关系。

辩护人1：你说一下，你弟弟是因为什么事情被采取强制措施的？你说和这个案件没有关系，我们需要了解一下到底和这个案件有没有关系。

胡某某：具体情况我不是很清楚。

辩护人1：是哪个机关采取的（强制措施）？

胡某某：这些事我不晓得。

辩护人1：你和你弟弟感情好吗？你一点都不关心你弟弟吗？

胡某某：因为我自己在国（境）外，没办法。

辩护人1：你弟弟被采取强制措施你知道吗？

胡某某：知道。

辩护人1：什么时候？

胡某某：具体时间我不是很清楚。

辩护人1：那是谁告诉你的？

胡某某：我哥哥。

辩护人1：你哥哥是不是告诉你这个事情了，还让你回来？

胡某某：不是，不是同一时间的。

辩护人1：哦，分两次告诉你的？

胡某某：这个事……我觉得我弟弟被采取强制措施和这个案子是没什么联系的。

辩护人1：我们没有说你弟弟被采取强制措施和这个案子有关系。但是你自己回来和他被采取强制措施有没有关系？和你今天到法庭上作证有没有关系？

胡某某：没有关系。

辩护人1：你哥哥什么时候告诉你，你弟弟被采取强制措施了？

胡某某：我也不太记得，因为我正好出去了几个月。

辩护人1：几月份总能记住吧？

胡某某：这个还确实记不清了。

辩护人1：那你第一天的事情还能记清楚吗？

胡某某：第一天搞了那么久，第二天（以后）天天写那个悔过书。

辩护人1：你哥哥什么时候让你回来的？

胡某某：不记得了。他一直就说让我回来。

辩护人1：你从哪国回来的？

胡某某：我从加拿大回来的。

辩护人1：你哥哥在哪里？

胡某某：我哥哥在德国。

辩护人1：他在德国给你打电话，叫你从加拿大回来？他是先和你说你弟弟的事，还是先和你说让你回来的事？

胡某某：他一直就叫我回来。

虽然在庭上胡某某始终坚持自己送了钱，这次讲的是真话，但是辩护人问出了三方面的事实：（1）胡某某回来后人身自由被司法机关限制了几十天；（2）他的巨额财产遭到了司法机关的查封；（3）他的亲人被羁押。这三点事实问出来之后，大家想，他为何回来作出与上次庭审完全相反的证言，原因岂不是不言自明了吗？难道不是因为受到了强大的压力吗？应当说这是一次非常成功的发问。

四、锦囊四——采用对比法攻击控方证人证言的可信度

（一）运用对比法攻击控方证人证言可信度的缘由

通过将控方证人不同时间或情境下的陈述，与其他证据的

矛盾进行全面、深入的分析和对比，可以得出其中某一证言为虚假或者前后证言均为虚假的结论，从而有效揭示证言的不可靠之处。如通过对比控方证人在不同时间、不同场合下的证言，检查其是否存在矛盾或不一致之处；对比控方证人的证言与其他相关证据，如物证、书证、视听资料等，以验证其真实性；分析控方证人的语言风格，包括用词、句式、语气等，与其日常表达习惯或以往证言进行对比，以判断其是否自然、真实；对比控方证人的证言与其他证人的证言，检查是否存在明显的模仿或抄袭痕迹。

（二）运用对比法攻击控方证人证言可信度的示例

通常情况下，辩护人在采用这种方法时，都是在仔细研究案卷并细致地分析相关证据的基础上，已经从控方证人的庭前证言中掌握了矛盾的线索，对控方证人的庭前证言有了充分的了解，这样才能在提问时做到心中有数。

| **示例 8－7** | 某伤害案中律师向被害人的监护人发问

律师：你儿子受伤是不是你报的警？

被害人的监护人：是的。

律师：你报警时说你儿子的伤是杰克逊的保镖打伤的，是不是？

被害人的监护人：是的。

律师：你今天在法庭上说，你儿子的伤是杰克逊打伤的，是不是？

被害人的监护人：是的。

律师：你报警时说你儿子的伤是杰克逊的保镖打伤的，而今天你又说是杰克逊打伤的，到底哪句是真话哪句是假话？

被害人的监护人：上次跟警察说的是假话，这次在法庭上说的是真话。

在美国法庭上，受到直接言词原则的限制，证人的庭前证言是不能直接作为证据使用的，但是可以作为弹劾证据，来证明证人当庭撒谎，进而证明当庭证言不可信。通过律师的发问，被害人的监护人承认第一时间报警时说的是假话，那么谁能保证一个撒谎的人今天说的又是真话呢？所以他的证言被法庭的采信度也就可想而知了。

｜示例 8－8｜ 充分利用庭前矛盾供述

在某起职务侵占案件中，辩护人申请了一名重要的控方证人出庭，他在出庭之前，已经有了 3 份书面证词，但这 3 份证词在很多重要情节上有明显的差异性。而且这些证词距离开庭已经隔了好长时间，最早的一份证词都已经是 1 年前的了。辩护人判断他经过了这么长时间，肯定是记不清自己在每份笔录里具体都是怎么讲的了。

如何打败一个撒谎的证人？有一句话叫“谎言最怕重复”。就是隔一段时间后，让他再次回答同一个问题，他绝对想不起来自己当初编的是什么谎话！讲真话最大的好处就是不怕重复，不管什么时候再问，想起来的还是那个答案。

所以基于这个案件的特殊性，辩护人决定不使用惯常的发问方式，而是选择对控方证人大量使用开放式问题。因为辩护人去提醒他还不如放手让他讲，说不定他自己就讲出对我方有利的情节了。

在法庭上，开始发问的时候，辩护人问的问题就很简单："请你把当时和被告人交谈的过程向法庭详细陈述一下。"然后他就开始讲，果不其然，虽然他的立场是站在指证被告人实施了犯罪行为的角度，但是在一个反映主观故意的重要情节上，他恰恰作出了绝对有利于被告人的陈述。这是一个意外收获，给辩护人的质证和辩论工作带来了极大的帮助。

所以，假如证人此前作过多份前后不一甚至相互矛盾的书面证言，并且距离开庭时间比较久远，那么，完全可以尝试使用开放式问题，先让证人自由陈述，很有可能抓到证人的漏洞，然后再采用对比法对证人的证言可信度展开攻击。

五、锦囊五——采用归谬法攻击控方证人证言的可信度

（一）运用归谬法攻击控方证人证言可信度的缘由

归谬法就是将证人的当庭证言中违反常理、不合逻辑的部分寻找、归纳出来，证明其陈述在逻辑上无法自洽或者会导致异常情况，向法庭揭示其荒谬之处，进而指出其证言为虚假，证言的可信度自然会受到质疑。

常用的归谬法包括：（1）将证人的陈述与已知事实对比，分析是否有明显不符合实际情况的地方。如证人描述的天气情

况与官方气象记录完全不符。（2）放大证言中的矛盾点，突出证言中的不合理之处。如在光线较暗的情况下，证人陈述能够看清被告人的面容。（3）对比不同证言中的细节描述，挖掘其中违背常识、常理、常情之处。

（二）运用归谬法攻击控方证人证言可信度的示例

“谎言最怕细节”，对细节的挖掘就是关键。谎言编得再好，也不可能十全十美。当一个故事并不存在的时候，细节上必定会有很多漏洞。无论说谎者考虑得多么详细，都难免会有疏忽的地方。

| 示例 8－9 | 受贿案中辩护人向行贿人发问

某件受贿案，辩护人申请了一名关键的行贿人出庭。行贿人说最大的一笔行贿是到被告人的办公室去送的，但是被告人在庭前沟通时，斩钉截铁地反复强调行贿人从来没去过他的办公室，那又何谈送钱呢？为此，辩护人建立了内心确信，于是便围绕细节精心设计问题，步步逼近，堵死后路，最终让证人陷入无法自圆其说的死胡同。

辩护人：你是哪一年送的这笔钱？

证人：去年春节前。

辩护人：去年发生的事你能记得清楚吗？

证人：时间不长，记得清楚的。

辩护人：去哪里送的这笔钱？

证人：他的办公室。

辩护人： 记得清楚吗？

证人： 记得清楚的。

辩护人： 你确定不会记错吗？[1]

证人： 不会记错。

辩护人： 好，你既然说是到办公室去送的，那么现在辩护人问你，被告人的办公室在几楼？[2]

证人：（想了半天）我记不清了。

辩护人： 是在一楼呢还是需要爬楼梯的其他楼层呢？

证人： 记不清了。

辩护人：（继续追问）到了办公室，被告人在里面吗？

证人： 在的。（只能说在啊）

辩护人： 你把钱给被告人了吗？

证人： 给了。

辩护人：（此时突然再抛出一个问题）那么被告人是一个人一间办公室呢？还是和其他人共用一间办公室呢？

证人： ……（不说话了，这时候证人不敢回答了，因为怕答错）

大家看，通过这样一系列发问，辩护人就成功地通过细节找到了证言中的荒谬之处，而且证人无法解释这种荒谬。证人记得去办公室送钱，时间相隔又不久，却说不出办公室在几楼，也说不出房间的基本格局，这明摆着是不合理的。证人原

〔1〕 这是辩护人在堵死证人的后路，为后面的发问做准备。

〔2〕 这时候辩护人终于抛出了实质性的问题，也是他想打垮证人的问题。

来的证言还有可信度吗？显然没有。本场辩护中，辩护人就是抓住了证言中的逻辑矛盾，从而降低证言的可信度。

六、锦囊六——适可而止，没必要逼迫控方证人改口

（一）适可而止发问控方证人的缘由

理想中的发问状态是什么？当然是每一句发问，发问对象都回答出辩护人需要的答案。但“理想是丰满的，现实是骨感的”。在实务中，发问对象不配合是常态，尤其是在向对方证人发问的时候。在法庭上，经常见到有的公诉人、辩护人与发问对象争得面红耳赤，庭审就像吵架，场面十分激烈，但对案情却没有任何作用。

之所以出现这个现象，根本原因在于发问者认为发问一定要发问对象回答，并且一定要回答自己想要的答案。其实，并非如此。在发问对象配合的案件中，能达到这样的理想局面；但是，在发问对象不配合的案件中，却不一定如此。比如，笔者在刚开始作为公诉人的时候，也会碰到这种情况，庭审时碰到难缠的被告人，他就是不正面回答你的问题，甚至翻供，那时候笔者就很恼火生气，然后就一直逼问被告人，试图让他承认自己在撒谎、在避重就轻。当时的我觉得，只有做到让被告人低头认罪才是成功。其实，这是不成熟、缺少经验的表现。

事实上，如果执着于非要发问对象回答自己的问题，常常会十分尴尬。有的公诉人或者律师，喜欢刨根问底，总想逼迫证人直接承认。这种做法往往导致证人不顾一切地坚持原来的

说法，发问过程演变为和证人的争辩甚至争吵，最终无法实现发问的目的。

（二）适可而止发问控方证人的示例

通常对于沉默型和脾气火爆型的控方证人可以采用适可而止的发问方式，前者是因为无论怎么问也问不出太多内容，后者是因为发问过多会形成激烈对抗甚至当庭争吵。

| **示例8－10** | 辩护人发问沉默型证人

辩护人： 你撒谎！你必须老老实实回答！你是不是在撒谎？〔1〕

证人：（沉默）

审判长： 辩护人，你不能这样恐吓证人！〔2〕

当控方证人在法庭上已经被无情地“摧毁”时，辩护律师仍然步步紧逼，对他严词怒斥，会造成什么结果？反而会让法官对这个看上去很可怜的控方证人心生同情。因为得理不饶人的做法是非常容易招致反感的，人皆有同理心，辩护人应该体会人性的微妙和复杂。

其实，当控方证人已经被辩护人问到哑口无言的时候，辩护人用不着这样逼迫他回答。这时可以停顿一下再问：“没法说清楚了是吗？”然后再特意停顿几秒，让整个法庭彻底安静

〔1〕 当证人已经无言以对只能保持沉默时，辩护人火暴脾气上来了，大吼一声。

〔2〕 辩护人的暴怒把审判长都吓了一大跳，赶紧出言制止。

下来。这时候，发问效果就已经呼之欲出了——此时无声胜有声，法庭上突然的静默反而能让在场的所有人都意识到控方证人已经无法自圆其说，发问场景、应答方式已经足以证明控方证人庭前陈述的不合常理，庭前陈述的可采性大大降低，这就实现了预期效果。

请记住，有一种胜利叫撤退。这时候，应当见好就收，让这段发问戛然而止或者转入下一段问话。

七、锦囊七——发问完毕后有问有评及时质证

在法庭发问中，辩护人很容易犯两种错误。

第一种错误是发问过程中操之过急，急于评论证言。如前文所讲的对质性发问，这是法庭规则不允许的。还有辩论式发问，法庭效果也不好。但不管怎么说，这两种发问至少都说明律师在努力地想有所作为。

第二种错误是律师无所作为、不作为。他在向证人发问结束后惜字如金，不进行任何质证，问完就完了，不进行任何证据分析，这就使发问效果大打折扣。众所周知，公诉人出示书面证言后，辩护人要进行质证。那么，证人当庭作出口头证言后，辩护人当然也要质证，向法庭分析刚才的当庭证言为什么是不真实、不客观的，为什么是荒谬的、不合逻辑的，为什么这名证人是不可信的，他和本案都有哪些利害关系，辩护人要向法庭揭示出来，最后要给法庭一个强有力的分析论证的结论。辩护人要切记：此时，沉默非金！

根据法庭的安排，辩护人可以在证人退庭之后马上质证，

也可以等到发表综合质证意见或者辩论意见时一并发表，总之，别忘记质证。

八、向控方证人发问的步骤

向控方证人发问的总体方略是控制 + 攻击，具体步骤分为五步：

第一步，安全问题做先锋。降低证人的戒备心理，使得辩护人的发问顺利入轨。

第二步，封闭问题防脱轨。目的是不让证人自由发挥，防止回答脱离辩护人预设的轨道。

第三步，寻找矛盾火力开。集中火力攻击证人的可信度和证言的可信度。

第四步，见好就收及时停。辩护人的目标不是让证人当庭认错，而是向法庭展示其证言的荒谬即可。

第五步，及时质证固成果。给发问一个强有力的分析论证和结论，以巩固发问成果。

第九讲 刑事法庭向侦查人员发问的策略

- 侦查人员出庭的法律依据
- 侦查人员出庭的常见表现
- 发问侦查人员的方法技巧
- 应对发问僵局的方法

侦查人员的身份天然地决定了他们的“大控方”角色，在法庭上他们是控方立场的坚定维护者。如何向侦查人员发问，一直是个让许多辩护人觉得很棘手的难题。本讲主要从四个维度阐述辩护人向侦查人员发问的依据、方法技巧等内容。

一、侦查人员出庭的法律依据

（一）侦查人员出庭的情形

《中华人民共和国刑事诉讼法》第59条规定：“在对证据收集的合法性进行法庭调查的过程中，人民检察院应当对证据收集的合法性加以证明。现有证据材料不能证明证据收集的合法性的，人民检察院可以提请人民法院通知有关侦查人员或者其他人员出庭说明情况；人民法院可以通知有关侦查人员或者其他人员出庭说明情况。有关侦查人员或者其他人员也可以要求出庭说明情况。经人民法院通知，有关人员应当出庭。”

《中华人民共和国刑事诉讼法》第192条第1、2款规定：“公诉人、当事人或者辩护人、诉讼代理人对证人证言有异议，且该证人证言对案件定罪量刑有重大影响，人民法院认为证人有必要出庭作证的，证人应当出庭作证。人民警察就其执行职务时目击的犯罪情况作为证人出庭作证，适用前款规定。”

以上两条规定了侦查人员出庭的两种情形：一是侦查人员出庭就证据收集的合法性说明情况；二是人民警察作为目击证

人，就执行职务时目击的犯罪情况出庭作证。

值得注意的是，2021 年《最高人民法院关于适用〈中华人民共和国刑事诉讼法〉的解释》第 249 条第 2 款规定：“控辩双方对侦破经过、证据来源、证据真实性或者合法性等有异议，申请调查人员、侦查人员或者有关人员出庭，人民法院认为有必要的，应当通知调查人员、侦查人员或者有关人员出庭。”该规定将侦查人员出庭的情形范围扩大到“对侦破经过、证据来源、证据真实性或者合法性”等事项，不再局限于“证据合法性”及“目击的犯罪情况”两种情形。

（二）侦查人员出庭的程序

《最高人民法院关于适用〈中华人民共和国刑事诉讼法〉的解释》还通过第 130、135、136、228、246、251、252、258、259、260、261、263、264、265、293 条共 15 个条文对侦查人员出庭的程序予以规范。简要梳理如下：

1. 对取证行为合法性的说明和证明

《最高人民法院关于适用〈中华人民共和国刑事诉讼法〉的解释》第 130、135 条规定了检察机关可以通知侦查人员参加庭前会议对取证行为的合法性加以说明，以及在法庭对取证行为合法性进行法庭调查时提请法庭通知侦查人员出庭说明情况等方式对证据收集的合法性进行证明。同时，《最高人民法院关于适用〈中华人民共和国刑事诉讼法〉的解释》第 136、251 条明确法庭通知侦查人员出庭的情形有二：一是控辩双方提出申请且法庭认为有出庭必要，即依申请通知；二是法庭可以根据案件审理情况依职权通知。第136条还明确了侦查人员出庭时，应当就证据的收集过程向法庭说明情况，并接受法庭和控辩双方的询问。

2. 侦查人员出庭的具体程序

《最高人民法院关于适用〈中华人民共和国刑事诉讼法〉的解释》第258、259、260条规定了侦查人员出庭在身份核实、权利义务告知、保证书的签署、陈述顺序以及控辩双方的发问顺序等方面适用证人出庭的规则。

《最高人民法院关于适用〈中华人民共和国刑事诉讼法〉的解释》第261、263、264、265、293条规定的审判人员询问侦查人员和控辩双方发问侦查人员的规则、出庭侦查人员不得旁听庭审以及签署庭审笔录等方面要求，均与证人相同。

综上，《最高人民法院关于适用〈中华人民共和国刑事诉讼法〉的解释》在很大程度上对侦查人员应当出庭的情形以及出庭说明情况和作证的程序、规则进行了补充与完善，有效地解决了司法实践中侦查人员出庭作证的难题。

二、侦查人员出庭的常见表现

（一）庭前准备充分

侦查人员出庭说明情况，大多肩负着证明自己取证合法的艰巨任务，不容有失。为了确保庭审的成功，侦查人员在出庭前通常会充分进行以下准备工作：

一是再次熟悉案情。侦查人员会对自己负责的案件有全面的了解，包括案件的基本事实、证据、相关法律法规等，并在此基础上深入研究案情、制定出庭策略等，以确保自己能够充分应对庭审过程中的各种挑战。

二是准备陈述材料。侦查人员一般会提前准备好陈述材料，包括案件报告、证据清单、相关法律法规等。这些材料可以帮助侦查人员在庭审过程中更加清晰地陈述案件情况。

三是模拟庭审。对于一些重大复杂案件，侦查人员可能会接受速成专业的庭审培训和指导，并在庭前进行模拟庭审，与其他侦查人员、检察官或律师进行模拟问答。这样可以提高侦查人员的应对能力，使其在庭审过程中更加从容。

（二）专业经验丰富

相较于普通证人，侦查人员拥有深厚的法律知识、熟练的调查技巧、丰富的审讯经验、精湛的案件分析能力等，这是他们应对法庭询问的优势。在法庭上，侦查人员能够合理运用自己的专业知识和经验，在案件事实的框架内，巧妙地应对辩护人的问题，并试图将焦点引向对自己有利的方向，展现出较高的专业素养。

（三）戒备心理强烈

基于应对交叉询问、维护证据合法性、应对庭审压力、遵守职业规范等因素，出庭作证对于侦查人员而言是一项重要且具有挑战性的任务，也势必容易让他们形成戒备心理。戒备心理产生的根源是：辩护人制造压力是想证明侦查人员的取证工作存在瑕疵或明显错误，试图获取或强化对被告人有利的信息，因此侦查人员对辩护人的发问充满了警惕，他们不会轻易地透露自己的信息，也不会轻易地被辩护人的话语所影响。

（四）抗拒表现明显

在法庭上，一些侦查人员往往拒绝回答辩护人的问题，频频反问和质疑，让辩护人的法庭发问无法顺利推进。

（五）出庭经验不足

侦查人员虽然经过专业培训，但由于工作性质和职责不同，他们不可能像辩护人那样经常出庭，对于法庭发问的程序、目的、技巧等都不甚了解。当面对陌生的法庭环境和训练有素且法庭发问经验丰富的辩护人时，侦查人员可能会感到紧张或不适应，进而陷入被动局面。有的侦查人员有长期讯问或询问他人的经验，自己却缺乏被询问的经历，在法庭上可能出现措手不及，无法有效应对的情况。

（六）不敢公然撒谎

基于公职人员的身份及职务冲突，侦查人员对某些可能暴露问题的事实，并不敢公然在法庭上撒谎。一旦谎言被当庭揭穿，他们将会面临严重的法律后果和社会舆论压力。因此，他们对于无法回避的关键性事实，往往不愿正面回答，更多的是采取“顾左右而言他”的方式来转移话题，而不敢公然撒谎。

三、发问侦查人员的方法技巧

在法庭上，辩护人发问侦查人员的难度显然要高于发问普通证人，但依然是有规律可循的，可以重点关注以下几个方面的策略。

（一）研读规则，区分不同种类证据合法性问题，明确发问目标

侦查人员出庭，绝大多数情形都是应辩护人的申请，出庭说明证据的合法性。在开庭之前，辩护人应当仔细研读相关法律、司法解释等规范性文件，区分不同种类证据收集的合法性问题，明确发问目标，结合证据的取证主体、时间、地点、方式、来源等方面的合法性问题进行发问。

第一类证据是适用强制性排除规则的非法言词证据。

《中华人民共和国刑事诉讼法》第56条第1款中规定：采用刑讯逼供等非法方法收集的犯罪嫌疑人、被告人供述和采用暴力、威胁等非法方法收集的证人证言、被害人陈述，应当予以排除。

在取证程序上，强制性排除的非法言词证据存在暴力取证等重大违法问题，严重侵犯了犯罪嫌疑人、被告人或证人、被害人的合法权益，取得的证据丧失了可靠性，如果不及时纠正，极易造成冤假错案。

第二类证据是适用强制性排除规则的违反取证基本规范要求的证据。

在《最高人民法院关于适用〈中华人民共和国刑事诉讼法〉的解释》关于证据审查的章节中，有较多此类规范，既包括言词证据，也包括实物证据。例如，笔录未经核对确认，

询问证人没有个别进行，鉴定主体不合法，物证、书证没有提取笔录，来源不清，辨认严重违反辨认程序，视听资料系篡改、伪造或者无法确定真伪，等等，诸如此类的很多情形都被明确规定为“不得作为定案的根据”。

这类证据之所以被强制排除，主要是因为取得证据的程序不符合法定要求，不能保证证据的客观真实性，所以“不得作为定案的根据”，有别于第一类非法言词证据。

第三类证据是适用裁量性排除规则的非法实物证据。

对于侦查人员获取物证、书证的程序、方式不符合法定要求，可能严重影响司法公正的，应当予以补正或者作出合理解释，不能补正或者作出合理解释的，应当予以排除。认定“可能严重影响司法公正”，应当综合考虑收集证据违反法定程序以及所造成后果的严重程度等情况。

第四类证据是适用裁量性排除规则的瑕疵证据。

在侦查人员收集证据的过程中，在程序方法、步骤、时间、地点、签名等技术环节存在一定的“程序瑕疵”，可以允许其予以补正或者作出合理解释，不能补正或者作出合理解释的，不得作为定案的根据。

在《最高人民法院关于适用〈中华人民共和国刑事诉讼法〉的解释》关于证据审查的章节中，同样有较多此类规范，既包括言词证据也包括实物证据。例如，讯问人没有签名，询问地点不符合规定，扣押清单对物品的名称、特征、数量、质量等注明不详，电子证据未以封存状态移送，等等。

对于第一类、第二类证据，辩护人的发问目标只要设定为证实相关违法取证行为或程序存在即可，法庭对此没有自由裁量权，只能将此类证据作为非法证据直接排除或者确定为“不得作为定案的根据”；对于第三类、第四类证据，辩护人在向侦查人员发问时，不仅要问清事实以确定取证瑕疵存在，还要高度关注其作出的解释是否合理，是否具备可补正性，以堵塞其退路。

以侦查人员讯问/询问未成年犯罪嫌疑人、证人、被害人的情形为例说明。侦查人员讯问未成年犯罪嫌疑人时，其法定代理人或者合适成年人不在场的，该讯问笔录属于违反取证基本规范要求的证据。辩护人只要在法庭上确认有关人员不在场的事实，即可将该讯问笔录的效力排除，该证据不得作为定案的根据。而侦查人员询问未成年证人或被害人时，其法定代理人或者合适成年人不在场的，该询问笔录则属于瑕疵证据，是可以通过补正或合理解释恢复效力的。辩护人在法庭上不仅要确认有关人员不在场的事实，还要仔细询问、听取和质疑侦查人员的解释，通过发问和质证向法庭展示侦查人员的解释不合理、不成立，方有可能排除该询问笔录的效力。

证据性质不同，证据合法性存在的问题不同，辩护人的发问目标就不同，想要做到在法庭上对侦查人员有效发问，辩护人首先应当深入研读、学习证据规则。只有通晓规则，才能准确区分不同种类的证据及其存在的合法性问题，进而制定出清晰明确的发问目标。

（二）勇于质疑，以法定程序和规定作为切入口，要求合理解释

面对侦查过程中存在的问题和疑点，辩护人应当以法定程序规定为切入口，勇于质疑，并要求侦查人员解释侦查行为的依据及合法性。

首先，辩护人可以询问侦查人员对于相关规范的熟悉程度，包括了解侦查人员是否掌握必要的法律知识和取证技能、取证程序。通过了解侦查人员的专业知识水平，辩护人可以判断其在侦查过程中是否能够正确理解和应用法律规定。

其次，辩护人可以要求侦查人员详细说明侦查行为的规范性操作步骤，包括了解侦查人员在调查取证方面的具体操作方法是否符合法律规定的要求，让侦查人员清楚地说明其操作步骤的合法性和合理性。

最后，辩护人可以询问侦查人员在本案中的取证具体操作方法。涉及侦查人员在侦查取证过程中采取的具体措施和手段，以及是否遵守了相关的法律规定。辩护人可以对侦查人员的操作方法进行提问，并要求侦查人员提供合理的解释，以检验其行为是否符合法律规定，是否侵犯被告人的合法权益。

| **示例 9 -1** |　辩护人质疑式发问〔1〕

辩护人：某支队，您是否了解对被拘留逮捕的犯罪嫌疑人

〔1〕 参见桑涛：《决战法庭：检察官、律师庭审制胜 36 计》，中国法制出版社 2017 年版，第 334 - 335 页。

应当“立即送看守所”的规定，您了解，还是不了解？

警察：了解。

辩护人：好，您既然了解这项规定，为什么没有将几十名嫌疑人“立即送看守所”？而少则关了两三天，多则五六天，甚至七八天、十来天，为什么？

公诉人：反对。

辩护人：你怎么总是乱反对啊，我反对你的反对！

公诉人：你已经问过这个问题了。

审判长：我听得不太清，辩护人继续问。（注：审判长婉转地驳回了公诉人的反对）

辩护人：我没有问过这个问题，谢谢审判长主持公道，对于公诉人胡乱反对的行为，您应当予以训诫，起码警告他们一次也好吧。

公诉人：审判长，审判长……

审判长：辩护人继续发问，手不要指公诉人。

辩护人：我要是不指他们（公诉人）而是指被告席，那不就指错了对象嘛，所以我只能指他们那边。

审判长：继续问。

辩护人：好，谢谢。我问的问题是，警方为什么没有将嫌疑人“立即”送看守所？

警察：（沉默）

公诉人：（举手）

辩护人：希望第三公诉人听清了，《公安机关办理刑事案件程序规定》规定了“立即”送看守所，为什么没有“立即”，谁的责任？这个责任人，你们追究了没有？

公诉人：（举手）

辩护人：我还没说完呢。我问的是，没有“立即”送看守所的责任是否查清？责任人是否追究……听清了吗？第三公诉人，你们不要交头接耳。

审判长：辩护人，你继续问，不要再质问公诉人了。

辩护人：我现在还就要问问这个问题。

公诉人：你无权。

辩护人：我为什么无权？

审判长：这个问题不争论了，继续往下问。

辩护人：某支队，我现在继续问您。你们没有“立即”送各嫌疑人去看守所的责任人找到了吗？你们没有做到“立即”。您回答我，你们找到责任人了没有？

警察：在这个环节上，我们是有些瑕疵。

辩护人：好，谢谢您的坦诚。非常感谢。我向您表示敬意。下面我继续问。

本案中，在公诉人的再三反对之下，辩护人坚持顶住压力，始终紧扣相关法律规定持续发问，要求侦查人员就其执法行为的合法性进行解释，最终迫使侦查人员当场承认了其执法行为存在瑕疵。

（三）欲擒故纵，抛出问题让侦查人员解释，从中发现漏洞

侦查人员当庭对取证行为作出解释时，即使辩护人觉得解

释不太合理，也不宜立即当场驳斥。人在紧张的情况下容易说错话，而且容易不自觉地陷入自我辩解的误区，但是解释得越多很可能纰漏越多。因此，辩护人应该保持冷静，让“子弹”再飞一会儿，给对方更多的时间来充分解释，放大他们的错误，当最终无法自圆其说时，辩护人就可以趁机发起一击，彻底击败他们。

这个策略就是欲擒故纵，意味着辩护人在关键时刻暂停攻击，让对方放松警惕，然后再发起猛烈的攻击。如此可以更加从容地观察对方的一举一动，从而找到他们的弱点和漏洞。

｜案例9－1｜ 某组织领导传销活动罪案〔1〕

某起诉书认定HD公司发展会员7万多人，吸收传销资金2亿余元。本案有一份关键性证据是鉴定意见，对传销平台的数据库进行了分析鉴定，刚才所说的7万多人和2亿多元资金，还有传销人员的层级架构，都来源于这份鉴定报告。那么这份鉴定报告是否有问题呢？首先就要对鉴定报告依据的电子数据进行审查，同时还要审查公安机关的取证过程。

这家公司的平台数据全部存储在WZ公司的物理机房内的5块物理硬盘里，同时他们还租用了阿里云服务器，每天自动上传一份备份文件到阿里云服务器进行保存，一旦物理硬盘里

---

〔1〕 该案是笔者和刘品新教授共同办理的，共同担任一名共同犯罪案件被告人的辩护人。辩护人在电子证据审查过程中，先是在一堆乱麻中发现了一个不起眼的“线头”，进而抽丝剥茧、顺藤摸瓜，发现了侦查人员取证中存在的严重问题，最后通过申请侦查人员到庭，问出了真相，进而成功排除了这一定罪的关键性电子证据。

的数据丢失了就可以用备份文件恢复。

辩护人通过阅卷，发现卷宗中有两份证据。一份是公安机关的调取证据通知书上记载侦查人员于2022年8月5日到WZ公司调取了HD公司服务器的镜像数据，根据这份文书是看不出任何毛病的；另一份是网络在线提取笔录，上面记载了侦查人员于2022年8月7日在线提取了阿里云服务器内的备份数据库文件。通过这两份文书和笔录可以看出，侦查机关既调取了物理硬盘内的数据，也调取了上传到阿里云服务器中的备份文件，取证上已经做到了“双保险”。这两份电子数据均为本案的关键性证据，鉴定机构就是根据这两份电子数据进行的鉴定。那么辩护人是怎么审查的呢？

针对网络在线提取笔录，辩护人向检察院申请调阅侦查人员取证操作的同步录屏录像，录像上可以反映取证的动态全过程。检察院没有同意将录像提供给辩护人，理由是录像并不是证据，所以不能提供，只允许辩护人在公诉人和侦查人员的陪同下观看录像，同时要求辩护人只能看但不能用手机拍照。因此在有限的时间内，辩护人只能尽力发现疑点并手写记录下来。

幸运的是，真的被辩护人发现了一处不太引人注意的异常画面。录像上的内容很多，但当辩护人看到这幅画面并定格细看时，心中顿时产生疑惑，画面显示从2022年6月下旬至8月7日，每天都有一份备份数据库文件上传到阿里云服务器，时间均在凌晨4时31分，说明是自动上传备份，不是人工上传，按道理应该每天的记录都有，却单单缺少了8月4日和8月5日这两天的上传记录。这是怎么回事呢？事出反常必有妖，于是辩护人抄录了下来。

从检察院回来后，辩护人随即将手写的抄录纸拍照发给了刘品新教授。他看了之后，凭借丰富的经验马上判断这是个重大疑点，于是立即开始审查辩护人之前拷贝给他的全部数据，结果发现机房内的服务器有异常开关机记录：2022 年 8 月 3 日 12 时 12 分有一个关机记录，8 月 5 日 16 时 25 分又有一个开机记录。这一发现就完美解释了为何缺少了8 月 4 日和 8 月 5 日的备份数据库文件上传记录，因为服务器关机时自然不可能上传文件到阿里云。

那么，服务器为什么会异常开关机呢？这里面究竟隐藏着什么玄机？

刘品新教授大胆推测：在这段时间里，服务器里的硬盘很可能被人取出来了。但是翻遍卷宗，没有侦查人员扣押或者调取硬盘的任何文书，只有 8 月 5 日的一份调取证据通知书，调取的是数据镜像文件。他推断侦查人员当时很可能是无手续取走了硬盘，一旦能够确认这个事实，就很有可能排除这份证据。于是向法院申请当时调取证据的侦查人员出庭作证。经过努力，最后法官同意了申请。

如何从侦查人员口中询问出事实真相，非常重要，但是难度很大。辩护人和刘品新教授针对如何发问在庭前反复研究和商讨，确定了相互配合的发问策略：法庭上由辩护人先发问，采取欲擒故纵的策略，抛出面上的问题，要求侦查人员解释，解释得越多，很可能暴露出的漏洞就越多。辩护人的发问主要起到投石问路的作用，待探明对方的底细之后，再由刘品新教授进行攻击性发问，争取问出事实真相。

辩护人：经过观看录像，辩护人发现缺失了2022年8月4日和8月5日的自动备份文件，这是怎么回事？

警察：因为HD公司的服务器是在WZ公司的，然后我们在调取的过程中为了保护这个服务器数据的完整性，对它进行了断电的保护操作。[1]

辩护人：哪一天？

警察：不记得，时间太长了。

辩护人：你进行断电保护操作有没有记录？

警察：这个是调证的过程，不需要记录，根据《公安机关办理刑事案件电子数据取证规则》关于调取电子数据的相关规定，无须对此进行记录。[2]

辩护人（要求解释）：为什么要断电？

警察（继续进行搪塞）：为了保护电子数据的完整性。

辩护人（进一步追问）：什么叫保护电子数据的完整性？

警察：根据《公安机关办理刑事案件电子数据取证规则》第47条第4项的规定，检查具有无线通信功能的原始存储介质，应当采取信号屏蔽、信号阻断或者切断电源等措施保护电子数据的完整性。[3]

---

〔1〕侦查人员刻意隐瞒了拔取硬盘的行为，推脱说只是进行了断电的保护操作，这种说辞可以迷惑外行。

〔2〕通过这样一问一答，固定了侦查人员取证无手续无记录的事实。

〔3〕侦查人员显然很熟悉电子数据取证规则，开始故意混淆概念，将“检查原始存储介质”的规定张冠李戴在“调取或扣押硬盘”的操作情形上，但辩护人此时不宜马上驳斥。

辩护人（转换问题）：也就是说，8月4日和8月5日的自动备份文件没有了，意味着在此之前你们进行了断电操作是不是？

警察：对。

辩护人：后来为什么8月6日、7日的备份文件又出来了？

警察：原因是在办案初期，案件性质不明确，同时也不明确后台数据是否包含非传销的相关数据，直接关停服务器可能会损害其他合法人的正当权利，所以这个服务器重新恢复启动了。[1]

以上是辩护人对警察的询问过程，既让警察陈述了提取电子数据的过程，又揭示了提取过程中存在的一些不符合规范的行为，但是辩护人并没有对其不符合规范的行为进行揭示，也就是没有立即质疑，而是将这个任务交给了另外一名辩护人，达到了良好的辩护效果。

（四）单刀直入，结合证据给侦查人员施加压力，逼出事实真相

在关键性事实上，如果侦查人员总是"羞羞答答"予以回避，辩护人在后续发问时可以单刀直入。真正面临"刺刀见红"的时刻，侦查人员出于对法律的畏惧，很可能不敢否

〔1〕 通过以上两个问题，确认了服务器的关停和重启都是侦查人员所为。

认，从而让事实真相浮出水面。

案例 9 - 2 某组织领导传销活动罪案[1]

辩护人： 刚才第一辩护人问你到 WZ 公司扣盘的这个情况，你说你不记得了，是什么时候到 WZ 公司扣盘的？[2]

警察： 不记得具体的时间，应该是在 8 月初。[3]

辩护人（乘胜追击）：我有一份从这个数据里面检查的材料反映出来，这台服务器在 8 月 3 日 12 时 12 分关机，随后 4 日没有开关机的记录，然后 8 月 5 日有一个 16 时 25 分的开机记录。根据这个日志，能不能证明你们 8 月 3 日中午就把这个服务器的硬盘拿走了？

警察： 首先（说明）一点，这个是调取数据，我们并不是对这个硬盘进行扣押。[4]

辩护人： 那就跟法庭陈述，就是说这个关键时间 8 月 3 日 12 时 12 分是不是意味着这台机器在这个时候没有运行了，然后 8 月 5 日 16 时 25 分的这个开机记录表明，这台电脑又开始运行了？

---

〔1〕 上述案例中，在已经基本掌握取证漏洞之后，刘品新教授对侦查人员犀利发问。

〔2〕 刘品新教授故意设置陷阱，突然问了一个误导性问题，其实我在之前的发问中从来没有说过“扣盘”这个字眼，只是问“断电保护操作”是什么时候，侦查人员回答说不记得了。

〔3〕 侦查人员果然掉入了陷阱，因为回答这个问题本身，就意味着对问题中隐含的未经确认的“扣盘”事实的认可。

〔4〕 此时侦查人员回过神来了，但他不敢直接否认拿走硬盘的事实，只能就是“调取数据”还是“扣押硬盘”来玩文字游戏。

警察：对。

辩护人：这两天多的时间没有任何的记录，是不是你到WZ公司去调证的？

警察：这个过程是调证的一个过程，我去了。

辩护人：那你为什么没有向WZ公司提供调取证据通知书？

警察：有啊，我们有通知书的附卷。

辩护人：8月5日有一个调取证据通知书，是关于调取镜像文件的调取证据通知书，你们在8月3日把硬盘给调走了没有通知书吗？[1]

警察：我们没有把硬盘调走啊。[2]

辩护人（马上用反问语气质问）：硬盘你没有拿走是吧？

警察：你们要明确一点，根据《公安机关办理刑事案件电子数据取证规则》第2章第6节调取电子数据第41条第2款的规定，公安机关应当协助因客观条件限制无法保护电子数据完整性的被调取单位、个人进行电子数据完整性的保护。第一，我们是采用了断电的措施保护电子数据的完整性。第二，我们提供了我们的只读接口以及硬盘复制机等设备来协助WZ公司对电子数据的完整性进行保护。这只是一个调取的过程。[3]

辩护人（单刀直入再次质问）：硬盘你有没有拿走？

---

〔1〕刘品新教授又使用了一个误导性问题来强调“调盘”。

〔2〕这次警察没有中计。

〔3〕警察不敢直接否认事实，只能顾左右而言他。

警察：我们拿过去用我们的设备协助 WZ 公司。[1]

辩护人（乘胜追击）：就是硬盘已经从 WZ 公司离开，到了你们公安局，没有任何的笔录，包括不需要调取证据通知书是吗？

警察：对。这只是一个调取的过程。我们的调取过程完全符合《公安机关办理刑事案件电子数据取证规则》第 41 条的相关规定。[2]

辩护人：你的理解就是说调取备份、调取数据是需要调取证据通知书的，调取硬盘不需要调取证据通知书？

警察（硬着头皮继续强词夺理）：对。我们只是向 WZ 公司调取这个里面的数据，并不需要调取他的硬盘。

辩护人：那你为什么把硬盘拿走？

警察：因为我们是根据《公安机关办理刑事案件电子数据取证规则》第 41 条的规定协助 WZ 公司对电子数据进行完整性保护，这只是一个措施。

辩护人：你把硬盘拿走了，怎么证明在两天多的时间你没有往里面放数据进去，或者是换数据？

警察：首先你得拿出我往里放数据的证据。

辩护人：你难道不担心大家会质疑吗？

警察：你可以质疑，但是你得有依据。

---

〔1〕既是迫于法律的威严，也是慑于教授的权威，无奈之下只能承认拿走硬盘的事实，但继续辩解是为了协助保护数据。

〔2〕这一问一答，进一步固定了侦查人员无手续拿走硬盘的事实。

2022 年 8 月 3 日侦查人员无手续扣押硬盘，之后两天多始终没有采取封存等保护性措施，然后再从硬盘里拷贝数据，显然已经不能排除该硬盘数据被污染的可能，因此，8 月 5 日调取的数据库镜像文件应当被排除。该行为还带来一个后果，侦查人员于 8 月 5 日将硬盘重新插回服务器后，在 8 月 7 日自动上传到阿里云服务器中的备份文件当然也应当被排除。也就是说，侦查人员之前做的“双保险”取证全部失效了。问到这里，刘品新教授不再就此情节问下去了，因为侦查人员已经承认了到 WZ 公司进行了名为“调取数据”、实为无手续“扣押硬盘”的行为。至于由谁来承担证明取证合法性和证据真实性的责任，答案是显而易见的，辩护人可以在后面发表质证意见时进行阐述和论证，此时无须与其争辩。

本案中，侦查人员犯了两个不可挽回的错误：一是无手续调取或扣押硬盘，并且没有采取封存等保护措施，导致硬盘数据存在被污染的可能性。二是只下载了 8 月 7 日的备份文件，但该文件的“母本”是可能被污染的硬盘数据。如果侦查人员下载一份 8 月 3 日之前的备份文件，由于不存在被污染的可能，只要没有其他方面的“硬伤”，应该是可以作为证据使用的。但是他们没有下载，而且现在已经无法补证了，因为阿里云服务器是租用的，从案发后到开庭时已经接近 1 年，其间被告人均被羁押导致无人缴纳租金，服务器里的数据早被阿里云计算公司清空了。

四、应对发问僵局的方法

法庭上，辩护人有时会遇到一些态度倨傲、行为不配合的侦查人员，有的拒绝接受发问，有的拒绝回答问题，有的反唇相讥，致使发问无法顺利进行下去。辩护人应当依据法律规定坚定地行使辩护权。

（一）侦查人员拒绝接受发问

｜示例9-2｜ 辩护人申请对侦查人员询问被拒绝

庭审期间，辩护人申请法庭排除一份被告人甲在侦查阶段作出的有罪供述笔录。申请排除的理由是，该份笔录系甲在侦查人员的刑讯和威胁下被迫作出的。在辩护方提供了相关线索后，法庭启动了非法证据排除的调查程序。在调查过程中，检察机关提请法院要求通知参加讯问的侦查人员乙出庭说明讯问时的情况，法庭准许并予以通知。经通知后出庭，乙陈述了在侦查阶段的讯问情况，强调整个讯问中侦查机关并未对甲进行过任何刑讯或威胁取证的行为，讯问过程合法规范。辩护人申请法庭准予其向乙发问，但乙拒绝，并指出根据《中华人民共和国刑事诉讼法》第59条的规定，侦查人员出庭仅是说明情况，并非证人，无须接受控辩双方的质证，并要求退庭。

《中华人民共和国刑事诉讼法》规定了在证据收集合法性调查程序中，侦查人员出庭主要是“说明情况”，因此在实践中出现了有侦查人员出庭只说明情况却拒绝接受发问的情形。《最高人民法院关于适用〈中华人民共和国刑事诉讼法〉的解释》第136条第3款明确规定：“调查人员、侦查人员或者其他人员出庭的，应当向法庭说明证据收集过程，并就相关情况接受控辩双方和法庭的询问。”这就结束了以往因法律规定不具体、不明确而导致的争议。

因此，倘若再遇到侦查人员出庭却拒绝接受询问的情形，辩护人可以根据《最高人民法院关于适用〈中华人民共和国刑事诉讼法〉的解释》第136条第3款的规定，向法庭表明侦查人员出庭应当负有“接受控辩双方和法庭的询问”的义务，即可解决这一争议。

（二）侦查人员拒绝回答问题

实践中，有些侦查人员虽然出庭接受控辩双方和法庭的询问，但是他们在回答辩护人的发问时，经常拒绝回答某些问题。对此情形，很多辩护人往往束手无策甚至自乱阵脚。侦查人员拒绝回答问题的做法是否恰当？遇到这种情况，辩护人究竟该如何正确应对呢？

首先，侦查人员对某些问题享有拒绝回答的权利。这些问题主要有以下几类：（1）诱导性、误导性等犯规式的问题；（2）内容与案件无关、与证据收集合法性无关的问题；（3）涉及未经审批同意公开的国家秘密、侦查内部工作信息的问题。

其次，对于与证据收集合法性有关的问题，侦查人员不应当拒绝回答。

最后，作为辩护人，应当尽量避免问出发问方式不当的问题，当侦查人员拒绝回答时，应当迅速判断是不是自己的问题不当所导致。如果是，选择收回自己的问题或者转换发问方式，这在法庭上很常见，并不丢人；如果不是，则应当有理有节地予以回应，或以柔克刚，或尽力争取审判长的支持，不可听之任之。

示例 9-3 以柔克刚进行回应

辩护人： 甲在监视居住期间，你们在宾馆对他进行过取证吗？

侦查人员： 没有。你问的问题太低级了，宾馆又不是办案场所，我们怎么可能取证。[1]

辩护人： 希望证人不要有抵触情绪，你们是公安干警，觉悟应该高一些。[2]

示例 9-4 争取审判长支持

辩护人： 你说麦克风是对着嫌疑人的，所以听不到键盘的声音，那么门在键盘的后面，为什么录像中能够听到门转动的声音？

侦查人员： 我仅负责对嫌疑人甲进行讯问，对于讯问以内的内容可以回答，对于讯问以外的内容我可以不回答。

辩护人： 审判长，他是录像制作人，又是讯问人，那么在看录像过程中看到的疑问直接涉及录像的真实性，他有义务回答，请审判长要求证人回答。[3]

---

〔1〕 侦查人员有时自恃熟悉司法实务，轻视辩护人的问题并且反唇相讥。

〔2〕 针对侦查人员不礼貌的态度，辩护人站在道义的制高点上采取以柔克刚的方法作出回应，可以堵住对方的嘴。

〔3〕 辩护人向法庭阐述回答该问题的必要性，以争取审判长的支持。

审判长：证人请回答辩护人的问题。[1]

侦查人员：刚才公诉人已经说过，我不可能记住每个声音的大小。

辩护人：你直接回答我的问题，你要说没法回答，没法解释，你就直接回答没法解释。

侦查人员：不能这样回答的，必须得说清楚。

〔1〕 侦查人员通常都比较尊敬审判长，对审判长的裁决，一般都会听从。

第十讲 刑事法庭向鉴定人发问的五条路径

- 找准方向查找鉴定中的常见问题
- 遵循刚性审查规则发问鉴定人
- 运用逻辑推理技巧发问鉴定人
- 与专家律师协作向鉴定人发问
- 聘请专家辅助人质疑鉴定意见

在司法实践中，鉴定意见以其科学性和专业性的特点，被视为8类法定证据中最可靠的证据类型，被赋予了极高的信任度。然而，鉴定意见虽然具备科学属性，但并非绝对可靠。鉴定意见的精确性受到鉴定人的经验和技术水平以及鉴定所使用的仪器设备、所依据的技术标准和采用的方法等多种因素影响，这些因素都可能导致鉴定意见出现偏差或不准确。特别是那些依赖个人经验的“经验型鉴定”，如指纹鉴定、文书鉴定等，更容易受到鉴定人主观判断的影响。[1] 此外，基于鉴定意见的专业性、技术性特征，律师、公诉人与法官通常不具备相关知识，特别是公诉人、审判人员在不懂相关专业知识的情况下，若对鉴定意见多停留在形式审查层面，实质上就是“以鉴代审”甚至“以鉴定罪”。而且，鉴定人出庭接受询问的比例很低，鉴定意见主要是通过书面质证，质证效果不理想，使一些“假冒的科学”进入法庭并被作为证据采信。

鉴于此，对鉴定意见进行严格的审查和质证，就显得尤为必要。辩护人有责任和义务把专业性疑问提交给法官，用来自检材、方法、流程、标准等不同层面的分析去说服他们，促使他们质疑鉴定意见，进而科学、理性地看待这些“科学证据”。本讲主要阐述辩护人在法庭上向鉴定人发问的五条路径。

〔1〕 如福建念斌投毒杀人案，公安机关作出的被害人系氟乙酸盐剧毒品中毒的鉴定意见，后被证明是错误的，导致案件整个证据链崩盘。

一、找准方向查找鉴定中的常见问题

做到在法庭上有效质证、有效发问，首先，要把司法鉴定涉及的相关专业知识充分消化和吸收，并运用到对鉴定意见的分析和质疑中，找准和发现鉴定中的问题；其次，要与法官及时沟通，重点突出鉴定意见存在的问题和矛盾点，从而让“法院认为鉴定人有必要出庭”；最后，围绕发现的问题，精心设计发问提纲，在法庭上对鉴定人进行有效询问。

如果辩护人做不到提前发现鉴定意见中的问题，最好还是放弃申请鉴定人出庭，否则就算鉴定人被通知出庭，辩护律师只能蜻蜓点水、泛泛地问几个不痛不痒的问题，不仅不可能问出任何效果，反而会使法庭成为鉴定人展示鉴定过程科学合法的舞台。

如何找准方向并查找出问题？笔者梳理了鉴定中存在的8个方面的常见问题，并通过多个真实无罪案例予以佐证。

（一）鉴定机构是否具有法定资质，或者鉴定事项是否超出该鉴定机构的业务范围、技术条件

鉴定解决的是案件中的专门性问题，因此鉴定机构和鉴定人的资质是确保鉴定意见合法性和真实性的根本保障。目前，为刑事案件提供鉴定的鉴定机构主要有以下几类。

1. 经司法行政部门批准设立的鉴定机构

根据《全国人民代表大会常务委员会关于司法鉴定管理问题的决定》《最高人民法院、最高人民检察院、司法部关于

将环境损害司法鉴定纳入统一登记管理范围的通知》的规定，法医类、物证类、声像资料和环境损害这四类鉴定由司法行政部门统一登记管理，其他鉴定事项不属于司法行政部门统一登记管理范围。社会公众可通过公开渠道查验四类鉴定机构的资质、业务范围等。

2. 公安机关内设鉴定机构

公安机关内设鉴定机构，是指公安机关及其所属的科研机构、院校、医院和专业技术协会等依法设立并开展鉴定工作的组织。根据《公安机关鉴定机构登记管理办法》的规定，公安机关自设鉴定机构经公安机关登记管理部门核准登记，取得鉴定机构资格证书后才可开展鉴定工作。

公安机关内设鉴定机构可以开展下列鉴定项目：第一，法医类鉴定，包括法医临床、法医病理、法医人类学和法医精神病鉴定；第二，DNA 鉴定；第三，痕迹鉴定；第四，理化鉴定，包括毒物、毒品和微量物质的鉴定；第五，文件证件鉴定；第六，声像资料鉴定；第七，电子数据鉴定；第八，环境损害鉴定；第九，交通事故鉴定；第十，心理测试；第十一，警犬鉴别。

公安机关鉴定机构管理部门定期制作鉴定名录，社会公众可通过各省司法厅官网公布的当年度鉴定人及鉴定机构名录进行查询。若在该渠道无法查询，则可依据资质证明书载明的登记单位申请信息公开。

3. 人民检察院内设鉴定机构

依据《人民检察院鉴定机构登记管理办法》、《人民检察院鉴定人登记管理办法》和《人民检察院鉴定规则（试行）》的规定，人民检察院内设鉴定机构是在人民检察院设立的，取得鉴定机构资格并开展鉴定工作的部门。

检察院内设鉴定机构可以申请登记开展下列鉴定业务：第一，法医类鉴定；第二，物证类鉴定；第三，声像资料鉴定；第四，司法会计鉴定；第五，心理测试。

4. 由相关行政部门管理登记的鉴定机构

该类机构主要是解决“四大类”（通常指法医类鉴定、物证类鉴定、声像资料鉴定以及环境损害司法鉴定）以外的鉴定事项，主要包括产品质量及鉴定、价格评估、建筑工程质量鉴定、会计审计、能源矿产鉴定等。例如，隶属于发展和改革委员会的价格认证中心可以接受司法机关、监察机关、行政机关的协助申请，对涉案的各种扣押、追缴、没收及有价格争议的财物进行价格认定。

5. 由行业自律组织登记管理或备案的鉴定机构

该类机构主要解决“四大类”以外的鉴定事项，与上述第四类由相关行政部门管理登记的鉴定机构的区别在于部分行政部门授权行业自律组织管理、登记、备案等权力。相关鉴定机构可登录中国执行信息公开网站的人民法院司法评估机构名单库（http：//zxgk. court. gov. cn/ccpg/xjpg. jsp）查询。

6. 准鉴定机构，即由相关部门或单位出具专业意见

有关部门对事故进行调查形成的报告，在刑事诉讼中可以作为证据使用。报告中涉及专门性问题的意见，经法庭查证属实且调查程序符合法律和有关规定的，可以作为定案证据，如

公安机关消防部门出具的火灾事故认定书。

第4—6类机构作出的意见属于准鉴定意见。实务中，各地法院的司法裁判规则不完全统一，大部分法院将其作为鉴定意见处理，少部分法院将其归入书证范畴进行管理。以价格认定结论为例，大部分法院认为是鉴定意见，但也有少部分法院认定为书证。[1] 因此，对于这几类机构作出的各类鉴定意见、检测报告、检验报告，应仔细审查机构设立依据是否合法、是否具备独立的法人资格，鉴定人员是否具备相关资质等。[2]

案例10－1 刘某某交通肇事罪案[3]

一审指控：2013年6月2日中午，被告人刘某某驾驶重型罐式货车行至省道306线23千米处时，其车尾左后轮处与被害人石某某驾驶的无牌电动三轮车车头前轮相撞，致电动三轮车侧翻，石某某因颅脑损伤当场死亡。2013年6月18日，峨眉山市交警大队作出道路交通事故认定书，认定刘某某驾驶机动车在道路上行驶，经有信号灯控制的路口遇红色信号灯时未停车等候，并加速通过，其行为违反了相关法律规定，是造

〔1〕 最高人民检察院检答网认为：价格认定结论书不能认定为书证。书证是指在案件发生时以纸面材料形成的证明案件事实的客观证据。价格认定书虽然与案件事实存在关联，如对盗窃物价值的认定，但并非案件发生时形成的，而是在案发后形成的对物品价值的认定参考。此外，书证是客观存在的文字或者符号，而价格认定书则凝聚着价格认定人的主观判断，因此价格认定书不宜认定为书证。

〔2〕 参见潘美玉、高慧、戴奎：《刑事证据审查手册》，法律出版社2021年版，第149－151页。

〔3〕 参见四川省乐山市中级人民法院刑事判决书，(2015)乐刑终字第89号。

成此次事故的全部原因，刘某某负此事故的全部责任。

二审法院观点：案发后乐山市机动车辆安全技术检测站出具了检测结论，但该检测站没有被载入《国家司法鉴定人和司法鉴定机构名册》，故该检测站不具有司法鉴定机构资质，其作出的检测结论不能采信。因此现有证据不能证实刘某某案发时的车速。

（二）鉴定人是否具备法定资质，或者是否违反回避规定

鉴定事项多种多样，不同鉴定事项对于相关专业知识及设备的要求均有所不同，如果案件中具体鉴定事项不符合鉴定人的鉴定执业类别，则该鉴定人对该项鉴定仍不具备合法资质。同时，鉴定人作为诉讼参与人，应当遵守法律有关回避的相关规定，[1] 即使具备合法资质，但是有需要依法回避的情形，也不得担任该案的鉴定人。[2]

为有效审查鉴定机构、鉴定人的资质，要求将此类资质证明材料与鉴定意见一并随案移送，便于在各个诉讼阶段审查核

〔1〕 根据《司法鉴定程序通则》等有关规定，鉴定人具有下列情形之一的，应当回避：①司法鉴定人本人或者其近亲属与诉讼当事人、鉴定事项涉及的案件有利害关系的；②担任过本案证人、勘验人、辩护人、诉讼代理人的；③司法鉴定人曾经参加过同一鉴定事项鉴定的；④担任过本案侦查人员的；⑤曾经作为专家提供过咨询意见的；⑥曾被聘请为有专门知识的人参与过同一鉴定事项法庭质证的；⑦其他有可能影响司法鉴定公正的。

〔2〕 参见《全国人民代表大会常务委员会关于司法鉴定管理问题的决定》第9条第3款规定，鉴定人应当依照诉讼法律规定实行回避。鉴定人的回避事宜，在委托鉴定环节就应当予以明确告知，防止因鉴定人与案件存在利害关系而影响鉴定意见的真实性。

实。同时，在鉴定人出庭作证的情况下，控辩双方可以围绕鉴定人的资质、经验和鉴定方法等展开针对性的询问。

| 案例 10－2 | 计某某职务侵占罪案[1]

一审指控：被告人计某某自 2008 年 4 月至 2011 年 4 月担任某物流公司总经理期间，通过采用虚报台账的方式虚报业务，共侵占该公司运费 415866.6 元。

二审法院观点：一审认定被告人计某某构成职务侵占罪的关键证据之一即《张家口诚信司法会计鉴定中心司法鉴定意见书审查意见书》中，两名签字鉴定人之一无司法鉴定人执业证，不具有司法鉴定资格。该鉴定违反了《司法鉴定程序通则》中应当有两名鉴定人员共同进行鉴定的相关规定，属程序违法，故该鉴定意见不能作为定案的证据使用。

| 案例 10－3 | 黄某某掩饰、隐瞒犯罪所得、犯罪所得收益罪案[2]

一审指控：涂某、汪某（已判）于 2015 年 4 月 26 日上午和 27 日上午，用面包车分两次将所盗窃的 YJV22—3×95 型电缆线 80.5 公斤、YJV22—3×120 型电缆线 197.5 公斤、铝绞线 50 公斤运到乐山市沙湾区的某废旧回收门市出售，该门市负责收购的被告人黄某某在未核实电缆线和铝绞线合法有效

[1] 参见河北省张家口市中级人民法院刑事判决书，(2017) 冀 07 刑终 18 号。
[2] 参见四川省乐山市中级人民法院刑事判决书，(2017) 川 11 刑终 63 号。

来源的情况下，进行了收购。经峨边彝族自治县价格认证中心鉴定，黄某某所收购的电缆线、铝绞线共计价值人民币12988元。

二审法院观点：峨边彝族自治县价格认证中心出具的前后两次价格认定除电缆线数量发生变化外，根据调查的“重置价格”确定的“基准日市场价格”不同，确定的“每米折算的重量、回收价格、残值率、成新率”等数值均不一致，属于重新鉴定。而两次价格认定均是由同一家认证单位、同一个鉴定人作出的。因鉴定人违反回避规定，故该价格认定不能作为定案的根据。

（三）送检材料、样本是否来源不明，或者因污染不具备鉴定条件

常见的检材有血液、足迹、指纹、唾液、毛发、违禁物品等。检材一般从案发现场或被告人、被害人身体部位取得，提取、固定、编号、保管、送检都有详尽的规范要求。对相关要求的违反，意味着检材同一性存疑，且检材可能因受到污染导致鉴定意见出现偏差。

案例10-4　马某某危险驾驶罪案[1]

一审认定：2016年2月7日20时许，被告人马某某驾驶小型轿车与被害人杨某驾驶的普通二轮摩托车迎面相撞，造成

[1] 参见湖南省怀化市中级人民法院刑事判决书，(2018)湘12刑终519号。

杨某受伤，两车受损，马某某负此次事故的主要责任。民警接报赶赴现场后，发觉马某某有饮酒嫌疑，遂将其带至林业局大门口处进行呼气式酒精测试，测试结果为马某某血液酒精浓度为152.2mg/100ml。当日21时45分，民警将马某某带至会同县中医院抽取血样，并于同年2月16日送怀化市方正司法鉴定中心检验，鉴定结果为马某某血液中乙醇含量为190.7mg/100ml。

二审法院观点：根据在案证据，本案抽取的血液为2管，每管4ml，但怀化市方正司法鉴定中心出具的检验报告证实送检的血液为2ml，提取血液量与送检血液量相差明显，而且根据原公诉机关当庭提交的盛装马某某血液的真空抗凝管上没有马某某、交通民警及抽血医务人员的三方签名，也没有按照规定进行封装，因此送检的血液是否系马某某的血液不排除合理怀疑，不具有唯一性。综上，该案马某某血液酒精含量检验鉴定意见依法不具备作为定案的根据，法院不予采信。

| 案例10－5 | 何某、朱某某等污染环境罪案[1]

一审认定：2017年2月至4月，在无环保测评、无污水处理设备的情况下，被告人朱某、何某某违法生产加工产品，多次采取渗坑、铺设管道用抽水泵抽排的方式，将生产污水排放至厂房外排水沟渠及村民集体所有的堰塘内。经检测，该公司排放的污水中，重金属锌超过国家污水治理排放标准的11.3倍。

---

〔1〕 参见四川省绵阳市中级人民法院刑事裁定书，(2018)川07刑终303号。

二审法院观点：公诉机关用以证实本案排放污水中锌的超标程度的监测报告及说明等证据，因污水样本未严格按照《污水综合排放标准》（GB 8978—1996）所要求的在排污口采样，存在样品被污染的事实，且公诉机关未能提供确实充分的证据证明其送检材料的合法性，故不能作为该案定案的根据。

（四）鉴定对象与送检材料、样本是否一致

通过比对现场勘验笔录、勘验录音录像以及证据保管、移送书证等资料与送检材料清单是否一致，确定鉴定对象与送检材料、样本是否一致。如果无法保证检材的同一性和来源，则相关鉴定意见不得作为定案证据。

|**案例 10－6**| 张某某故意毁坏财物罪案〔1〕

一审指控：2015 年 3 月 20 日 17 时许，被告人张某某在青岛市城阳区某社区某小区，持斧头将社区 3 台摄像机损毁。经鉴定，被毁摄像机价值人民币（以下币种同）2190 元。2015 年4 月 9 日 17 时许，被告人张某某在青岛市城阳区某社区某小区，持斧头将社区 3 台摄像机损毁。经鉴定，被毁摄像机价值 13960 元。

一审法院观点：根据证人杨某、于某、肖某等的证言结合扣押物证，青岛市城阳区价格认证中心出具的山东省涉案物品价格鉴定（认证）结论书所鉴定检材的规格型号等与实际不

〔1〕 参见山东省青岛市城阳区人民法院刑事判决书，（2015）城刑初字第523 号。

符，该两份鉴定意见不具有客观关联性，法院不予采纳，起诉书据此指控涉案物品的价值法院不予认定。

（五）鉴定程序是否违反法律法规等有关规定

司法实践中，常见的鉴定程序包括受理鉴定、鉴定取样、前置鉴定、鉴定委托等，违反情形有“先定后鉴”“先结论后分析”，甚至是在无任何鉴定材料的情况下作出虚假鉴定。

|案例 10－7| 刘某、刘某某、宋某某故意伤害罪案〔1〕

一审认定：2016 年 10 月 14 日下午，被告人刘某因旧怨持铁棍击打桂某，跟在后面的被告人刘某某、宋某某用板凳、玻璃杯对桂某进行了殴打，致使桂某的头部、左眼角、左手臂受伤。经融安县公安局刑事科学技术室鉴定，桂某所受损伤程度评定为轻伤二级。

一审法院观点：该案中，据以定罪的伤情鉴定意见是在 2018 年 1 月 26 日由公安机关送达 4 份送检材料，同日进行鉴定。2018 年 1 月 30 日作出鉴定意见，但鉴定文书中记载的送检材料分别在 2018 年 1 月 29 日、3 月 9 日、3 月 12 日才调取，由此可见，该案中据以定罪的鉴定意见是在没有任何送检材料的情况下作出的，违反了《公安机关鉴定规则》的相关规定，程序违法，故该鉴定意见不具有证据的真实性和合法

〔1〕参见广西壮族自治区融安县人民法院刑事判决书，（2018）桂 0224 刑初 170 号。

性，依法不予采信。

（六）鉴定的过程和方法是否符合相关专业的规范要求

鉴定的过程与方法属于相关科学领域的专业问题，法律并未也难以作出具体规定。总体上，目前纳入登记管理的各项鉴定业务，均已具备较为成熟的检验鉴定规程和技术方法要求。为确保鉴定意见是科学规范鉴定的结果，应当注意审查鉴定意见中有关鉴定流程、方法和分析过程的说明，重点审查鉴定人运用的仪器设备和技术检验手段是否完善，检验的步骤、方法是否正确，运用的检验手段、方法的先进性和灵敏性如何，其所获得的结果的稳定性和准确性如何，是否运用了同一认定的方法等，从而确定鉴定的流程、方法、分析过程是否符合本专业的检验鉴定规程和技术方法要求。

| 案例 10-8 | 干某某故意毁坏财物罪案[1]

原审指控： 2013 年 2 月 23 日 7 时 30 分许干某某来到梅里斯区某美发店，为泄私愤，将店内货架上的美发用品摔到地上，拿起椅子将镜子砸碎，并将烫发设备推倒，致使美发、化妆品毁坏多件。经鉴定，毁坏物品价值人民币 5648 元。

再审法院观点： 该案中，法院认为鉴定人采取了市场法对侦查机关提供的检材进行了价格鉴定，没有采用成本法对送检

---

〔1〕 参见黑龙江省齐齐哈尔市梅里斯达斡尔族区人民法院再审刑事判决书，(2018) 黑 0208 刑再 1 号。

材料进行损失价格鉴定，鉴定方法选择不当，不能作为故意毁坏财物的损失价格。

（七）鉴定意见是否明确

鉴定人运用科学技术或者专门知识对诉讼涉及的专门性问题进行鉴别和判断后，需要得出最终的结论，这种结论应当是明确的、肯定的、唯一的。实践中，大多数鉴定意见能够提出明确的肯定结论或否定结论，但有时因为材料不充分或鉴定条件不够理想等原因，鉴定人只能提出推断性结论，即倾向性的肯定结论或者否定结论，譬如出现“不排除”或者“可能是”“倾向是”等字样。推断性结论有助于缩小侦查范围，分析侦查方向，但不能直接认定相关的事实，不能作为定案的根据。

案例 10－9 倾向性鉴定意见致使证据严重瑕疵

2005 年湖南省高级人民法院纠正的滕某某杀人案中，被害人尸体已高度腐化，难以辨认，湖南省怀化公安机关为了查清被害人身份，委托辽宁省铁岭市公安局 213 研究所，根据无名女尸的头颅进行“颅骨复原”和“颅像重合”技术，制作了石膏像，并与疑似被害人石某某的照片进行比对，结果是“相貌特征相符”，但也“有些部位不太一致”。该结论实际上是一种倾向性意见，但办案人员却把它当成确定性意见，作为认定死者是石某某的科学证据，最终导致滕某某被执行了死刑，直到多年后，“亡者”石某某回来才平反。

案例 10-10 马某故意伤害罪案〔1〕

一审认定： 2016年3月13日22时16分许，被告人马某及其母亲刘某与被害人詹某在武汉市江岸区保成路夜市因生意纠纷发生争执拉扯，后被告人马某从被害人詹某身后将其抱摔倒地，致其左腓骨远端骨折。经鉴定，被害人詹某的损伤程度为轻伤二级。

二审法院观点： 经查，虽然对被害人詹某致伤方式推断的鉴定意见认为，詹某的外踝骨折征象与其所述受伤经过一致，但该鉴定意见只是一种推断，是法医的经验判断，不具有唯一的可能性。同时，视听资料显示詹某被马某拽倒前后，有与他人扭打及被人绊倒的情形，并与他人有多次肢体接触。不能排除詹某在被马某拽倒之前已在打斗中致伤的合理怀疑，亦不能排除其在拉劝其子过程中致伤的合理怀疑。现有证据不能得出詹某所受轻伤系马某行为导致的唯一结论。

（八）鉴定意见与案件事实有无关联

每个案件的各个环节都是有机联系的，鉴定意见仅是其中的一个方面，判断鉴定意见是否科学、正确，一个重要的方法就是将鉴定意见与全案其他证据情况进行联系对照。关联性审查主要包括三个方面：一是审查鉴定意见的结论与待证事实是否具有关联性；二是审查检材、样本与案件是否存在关联性；三是审查鉴定意见与其他在案证据是否存在矛盾。若经审查鉴

〔1〕 参见湖北省武汉市中级人民法院刑事判决书，（2017）鄂01刑终1119号。

定意见与案件待证事实之间并无关联，则该鉴定意见不具有证明价值，应当予以排除。

| 案例 10 – 11 | 李某、孙某某职务侵占罪案[1]

原审认定： 被告人李某利用负责公司日常事务的方便条件，擅自将套取的实属公司所有的土地补偿款 130 万元实际占有。

二审法院观点： 永州市华林司法鉴定所出具的关于公司及李某资金收付情况审核意见书只能说明公司及李某的资金收付情况，不能说明李某通过公司账目相抵的方式侵占公司 130 万元。

二、遵循刚性审查规则发问鉴定人

《最高人民法院关于适用〈中华人民共和国刑事诉讼法〉的解释》第 98 条规定了鉴定意见作为定案证据的排除规则，且详细列举了具体情形。[2] 相较于其他言词证据，鉴定意见

---

[1] 参见湖南省永州市中级人民法院刑事判决书，(2016) 湘 11 刑终 132 号。

[2] 《最高人民法院关于适用〈中华人民共和国刑事诉讼法〉的解释》第 98 条规定："鉴定意见具有下列情形之一的，不得作为定案的根据：(一) 鉴定机构不具备法定资质，或者鉴定事项超出该鉴定机构业务范围、技术条件的；(二) 鉴定人不具备法定资质，不具有相关专业技术或者职称，或者违反回避规定的；(三) 送检材料、样本来源不明，或者因污染不具备鉴定条件的；(四) 鉴定对象与送检材料、样本不一致的；(五) 鉴定程序违反规定的；(六) 鉴定过程和方法不符合相关专业的规范要求的；(七) 鉴定文书缺少签名、盖章的；(八) 鉴定意见与案件事实没有关联的；(九) 违反有关规定的其他情形。"

无“瑕疵补正”及“合理解释”规则，这就意味着对鉴定意见的审查属于“刚性审查”，只要存在第98条规定的情形，就应当排除其证据效力。

诚然，司法鉴定具有高度的专业性，辩护人大多不可能精通相关专业知识，但是可以尝试了解相关鉴定的技术、规范、标准及方法，毕竟这方面知识的专业壁垒相对不深，法庭发问难度也相对较小。对鉴定意见存疑的案件，辩护人一般紧紧围绕“鉴定机构和鉴定人是否具备合格资格和条件”“鉴定程序和方法是否合法”“送检材料鉴真程序是否合法”“鉴定文书是否具备合法的形式要件”等四大核心问题向鉴定人发问，达到质疑鉴定意见的效果，动摇法官对鉴定意见合法性的内心确信，为排除鉴定意见作为本案定案依据以及无罪辩护做好铺垫，成功达到发问的预期目的。

案例10－12 王某某受贿、玩忽职守案[1]

关于本案的争议焦点问题。经查，两次鉴定意见均系同一所鉴定机构所作，且鉴定机构、鉴定人员并无测绘资质，第一次现场检测系一名工作人员所作，第二次鉴定系审判机关委托补充鉴定，但鉴定机构却作出了重新鉴定，第二次现场检测人员不明，故两次鉴定意见和第一次鉴定意见中的《工程现场实勘记录表》，均不能作为本案的定案依据。即现有证据不能证实唐某诈骗的具体金额，因而也不能确定王某某玩忽职守造

[1] 参见贵州省铜仁市中级人民法院二审刑事裁定书，（2019）黔06刑终6号。

成损失的金额。原判以证据不足、指控王某某犯玩忽职守罪不能成立的判决并无不当，抗诉机关和支抗机关的抗诉理由、支抗理由不能成立，法院不予采纳。对王某某所提请求维持原判的辩解予以采纳。

示例 10－1 辩护人对鉴定人及鉴定机构的资质发问

辩护人： 鉴定人您好，请您如实向法庭回答我的问题，否则应承担相应法律后果。

鉴定人： 好。

辩护人： 本次鉴定的样品是谁负责收集的？

鉴定人： 鉴定报告上有。

辩护人： 鉴定报告显示，送样人员为“张某某、李某某等”，对吗？

鉴定人： 是的。

辩护人： 但是为何附后的鉴定人员上岗合格证显示“张某某”为鉴定机构的工作人员？

鉴定人： 他是鉴定机构的工作人员。

辩护人： 所以送样人员和检测人员是一个人，对吗？

鉴定人： 这个……

辩护人： 卷宗显示采样图片拍摄者为“李某某”，李某某也实际参与了采样过程，对吗？

鉴定人： 是的。鉴定机构的人和执法人员一起去采样的。

辩护人： 根据《司法鉴定程序通则》第 5 条的规定，检测人员和执法人员一起去采样已经违反了鉴定独立原则。您对此认同吗？

鉴定人：……（无言以对）

辩护人：鉴定报告显示，鉴定人员为“赵某某等”，但鉴定报告为何没有“赵某某”的鉴定资格信息，“赵某某”具备鉴定的资质吗？

鉴定人：他有资质。

辩护人：为何卷宗里面没有证明他具有鉴定资质的材料？

鉴定人：这个是工作疏忽。

辩护人：所以这份鉴定报告是有瑕疵的，对吗？

鉴定人：额……

辩护人：本次鉴定为何没有鉴定人员的签名以及鉴定机构和鉴定人的资质证明文件？

鉴定人：这个……（无言以对）

以上发问示例虽然是从送检人员、鉴定人、鉴定机构的形式要件方面对相关资质进行发问，但是同样具有指出鉴定报告存在重大瑕疵的作用，可以质疑鉴定报告的证明力。

三、运用逻辑推理技巧发问鉴定人

在刑事诉讼中，鉴定人通常被定位成“在特定领域具有专业知识的控方证人”。在发问过程中，辩护人应当格外谨慎，避免被卷入到鉴定人精通的专业领域之中。因为鉴定人通常在其专业领域内拥有深厚的知识和丰富的经验，如果辩护人试图在专业“深水区”与鉴定人较量，那么绝对会处于不利地位。

辩护人应当发挥自身所长，运用法律人擅长的逻辑推理对鉴定人进行询问。逻辑推理是法律专业人士的重要技能之一，它涉及对事实和证据的分析、归纳和演绎，以及对论点的构建与反驳。辩护律师通过精心设计的问题，向法庭展示鉴定意见在逻辑上的矛盾和谬误。

| **示例 10－2** | 辩护人向鉴定人发问致命伤成因

甲曾使用钝器敲打乙的头部，被村民发现死亡并掩埋。1 个月之后，公安机关发现犯罪线索，经尸检，乙的头部有多处伤口，系钝器打击头部致颅脑损伤死亡。检察机关指控甲犯故意杀人罪。

辩护人：要作出一份科学可信的司法鉴定，除了要有专业知识以外是否还需要进行细致认真的现场勘测以收集必要的检材？

鉴定人：这是当然的，除了专业的鉴定知识，还需要进行专业的现场勘查，这是保证鉴定客观公正的前提。

辩护人：我们看到你们出具的鉴定意见是有 5 处伤，请问哪些是生前伤？哪些是死后伤？

鉴定人：生前伤有 3 处，包括 2 处头皮裂伤，还有 1 处是左颞部（太阳穴）骨折；死后伤有 2 处，是左颞顶部、左顶部被虫子咬的部分。

辩护人：哪些是致命伤？

鉴定人：致命伤是左颞部伤，因其伤及脑膜。

辩护人：判断致命伤的依据是什么？

鉴定人：根据生物知识与规律，能够对生命产生毁灭性的损伤。

辩护人：为什么你说的2处被虫子啃咬导致组织缺失的伤没有皮下出血？〔1〕

鉴定人：这就是生前伤与死后伤的标志性区别，因为被虫子咬的伤是死后发生的。人死后，身体的血液循环停止了，所以即使有组织和器官受到损害，也不会皮下出血。

辩护人：生前伤和死后伤怎么区别？依据是什么？

鉴定人：刚刚讲到的皮下出血就是区分生前伤与死后伤的典型标志。

辩护人：会不会因为特殊的情况，比如环境、温度、湿度、通风等影响，而导致死后伤皮下出血，生前伤反而不会皮下出血呢？〔2〕

鉴定人：这种说法是没有基本常识的，因为血液循环的存在是以生命存在为前提，血液循环不仅需要肌肉的配合还需要氧气的配合，人死亡后呼吸系统停止工作，肌肉也无法工作，血液的循环就无从进行，所以无法再形成皮下出血。

辩护人：尸斑是怎么形成的？

鉴定人：尸斑虽然也是因为血液形成的，但这是因为人死后血液不再循环，在血管中的血液因为受到重力的作用而下坠

---

〔1〕 辩护人没有直接问为什么有一处所谓的生前伤无皮下出血，而是故意反向发问，这是设置陷阱的第一步。

〔2〕 辩护人故意发问一些显得外行的问题，让鉴定人放松警惕，意在将鉴定人将来可能辩解的理由去除。

形成的。

辩护人：用简单的话说一下，皮下出血是怎么形成的？

鉴定人：皮下出血的形成过程，用简单的话说就是人在生前受到外部的打击或者损害，破坏了器官或者组织，因为人体的血液循环系统是一个密闭的整体，并且遍布全身各处，在器官或者组织受到损害时，器官或者组织内的血管中的血液，从血管中溢出无法通过血管正常循环流动，溢出的血液渗透到肌肉或者组织之中，因而形成皮下出血。

辩护人：会不会因为疏忽大意而将尸斑错误地鉴定为皮下出血呢？

鉴定人：这肯定是不会的，皮下出血与尸斑的表现具有明显的区别，并且形成的原因也明显不同。

辩护人：一个人生前同时遭受多处伤时，会不会因为较重的伤出血量太大而导致其他伤口无血可出呢？

鉴定人：这个问题也是缺乏基本常识的，人体的血管遍布全身各处，并且每条血管都有其对应的循环路径及血量，所以不可能出现你说的情形。

辩护人：为什么皮下出血是判断生前伤的一个标志性依据呢？〔1〕

鉴定人：因为人体是一个封闭的组织，当身体的组织受到破坏后，血液还在继续循环，在循环的过程中，受损血管的血液就会渗透到肌肉组织里面，而肌肉里面是没有这些血液的通

〔1〕 故作不知，请君入瓮。

道的，即渗透出的血液无法直接进到新的血管里，所以渗透出来的血液就循环不了，会残留在肌肉组织和皮下组织，从而形成了皮下出血。

辩护人：以是否有皮下出血判断是生前伤还是死后伤，是鉴定人你个人的经验？还是行业的标准或者行业的经验？〔1〕

鉴定人：这当然不是我个人的经验，而是行业的规范或者说行业通行的经验。

辩护人：会不会存在这样的情况：（1）因为是伤到内脏而在腹腔内出现积血，就不会有皮下出血？（2）因为尸体高度腐败就不会出现皮下出血的情况，或者看不出皮下出血的情况呢？

鉴定人：内脏受损积血导致死亡的，组织的皮下出血一般要难发现一些，但是如果是外力伤及内脏需要强大的冲击力，必然会导致肌肉组织的损伤，也是会大量出血的，因此也会皮下出血；高度腐败的尸体也能够通过细致的检查看到皮下出血的现象。〔2〕

辩护人：对于同一次受2处以上的伤，会不会有的伤会皮下出血，而有的伤不会皮下出血呢？相近的2处伤，由于血管是封闭的，会不会近心端伤口把血出完了，远心端就不出血了？〔3〕

鉴定人：这是不可能的，血管周围的组织都是固定的。这

〔1〕 设置伏兵，提前阻断鉴定人对后续问题的辩解。

〔2〕 此时，鉴定人基本已经跨入陷阱。

〔3〕 辩护人故意再次装傻请教，解除鉴定人的防备心。

种说法违背基本的法医学常识。

辩护人：如果是人在死后受到打击，会不会皮下出血呢?

鉴定人：人死后当然不会皮下出血。因为人在死亡后，血液就停止循环，机体处于静止状态了。这就是死者左颞顶部、左顶部被虫子咬伤就只会出现肢体缺失而不会皮下出血的原因。[1]

辩护人：你所谓的致命伤在卷宗材料中没有记载皮下出血，这是什么原因?[2]

鉴定人：这不可能，肯定有的。

辩护人：辩护人仔细看了卷宗材料中的鉴定报告，确实没有。为什么本案中所谓的被害人致命伤没有皮下出血还要判断为生前伤? 还要判断为生前的致命伤呢?

鉴定人（惊讶)：这怎么可能?[3]

辩护人：你刚才说了，皮下出血是一个重要依据。在本案中的被害人不是内脏受损所以难以发现皮下出血的情形。所谓的致命伤是头部颅脑受损，是典型的外力损害，但是却没有皮下出血。那么，请你解释一下，为什么没有?

鉴定人：（沉默）……（翻看卷宗）……

---

〔1〕 此时，辩护人的准备工作已经就绪，即将吹响冲锋号。经过一系列的发问，鉴定人均作出了专业的回答：人在生前遭受致命伤，必定出现皮下出血现象。而对于几乎所有的例外，鉴定人都亲自作出了明确的否定。经鉴定人这么一说，即使普通的老百姓也能判断生前伤、死后伤的区别。

〔2〕 辩护人开始发起攻击。

〔3〕 这时鉴定人仔细看了看卷宗，针对所谓致命伤确实没有记载有皮下出血，只记载了骨缝变黑。但这一情况是公安机关漏记还是确实没有皮下出血，不得而知。此时，鉴定人开始紧张了。

鉴定人（开始辩解）：虽然鉴定书中没有记载，但是原始资料中是有记载的。

辩护人：请鉴定人出示原始资料中的记载。

鉴定人：……鉴定人请求出庭检察官翻看原始资料。[1]

鉴定人（继续辩解）：档案中虽然没有记载有皮下出血，但记载了骨缝变黑。根据鉴定经验这也可以判断是生前伤。

辩护人：鉴定人以所谓的骨缝变黑解释致命生前伤是典型的偷换概念。所谓相同时间遭受的3处伤害，所谓的3处生前伤，2处轻微的伤害都有皮下出血，但是致命的重伤害反而没有皮下出血，难道鉴定人所称的血液有鼻子有眼睛吗？它们专挑轻微损害的肌体进入，却对严重的肌体损害害怕了不敢进入吗？

鉴定人：（沉默）……

辩护人：以皮下出血判断是不是生前伤是行业的标准，这是你刚才向法庭说的，而现在又要以你个人的经验来否定行业标准，怎么可以呢？根据鉴定人的观点及基本的法医鉴定知识，人体死亡后就会腐败，人体是封闭的组织，在其死亡后，首先腐败的是脑组织和内脏，因为这些组织存在大量的液体及细菌，最容易腐败和发酵，内脏里有大量水分和细菌，尸体腐败后会出现膨胀，膨胀时由于尸体内部的压强增大，会使内脏腐败后的组织与液体向周围渗透，就会使尸体出现巨人状。

由于被害人死亡后被埋葬时没有棺木，在埋葬的过程中可

〔1〕 所谓的原始资料就是县公安局的鉴定报告，里面的记载当然没有皮下出血。

能出现锄头或是石头等撞伤了被害人头部的情形，又由于埋葬了1个月左右，头部也腐败了，且腐败的程度很严重，这时，尸体腐败的液体可能会向周围任何一个部位渗透，当然也可能渗透到骨折的地方，渗透到骨折的地方后，液体流动不了就会沉淀，沉淀一段时间后就会变黑。所以，本案中骨缝变黑不足以作为判断被害人是生前受伤还是死后受伤的依据。[1]

鉴定人：（沉默）

辩护人：（开始设定二难推理）老师，你们是做鉴定的，此案中只有两种情况可能解释我们关注的这个皮下出血的问题：第一种情况，你们尸检时，被害人确实是存在皮下出血的，但是没能收集到证据。也就是说，你们鉴定人在尸检时，是粗心大意的，连证据收集的基础工作都没有做好，鉴定的前提都不具备。你在回答第一个问题时就充分地说明，认真细致的勘验并收集检材是作出客观可信的鉴定报告的前提。如果检材的收集都不客观全面，那么得出的鉴定意见怎么可能客观真实呢？本案的鉴定报告因为重大的不能补救的程序问题，无法作为有效的证据使用。[2] 第二种情况，你们鉴定人勘验收集检材时，非常认真和仔细，事实的真相就是所谓的致命伤确实没有皮下出血。既然没有皮下出血，按照你刚才的陈述来说，

---

〔1〕辩护人驳斥了鉴定人根据骨缝变黑可判断为生前伤的观点，更进一步分析指出骨缝变黑的其他可能成因。由此可见辩护人在庭前一定请教过有关医学专家。

〔2〕到审判时，尸体已经呈白骨化了，鉴定人已不可能再重新提取检材进行鉴定了。如果该份鉴定报告不能作为证据使用，就不能确定这是一个他杀案件，也就定不了这是刑事案件了。

首先是不能够判断所谓的致命伤是被害人生前伤，也就是不能得出被害人是生前被他人伤害致死的结论，你所谓的骨缝变黑，完全有可能是尸体腐败后体液渗透到被破坏后的骨头所形成的结果。因此，本案中被害人确实不是生前被害致死的，死因至今不明，刑事案件也就无从谈起。请问鉴定人，那么你认为到底是哪一种情况？或者是否存在第三种可能呢？

鉴定人：……（无言以对）

法官简单询问几个问题后宣布：我们已经了解了相关情况，请鉴定人退庭。[1]

这段发问非常精彩，关键在于两点：

一是辩护人成功运用了归谬法发问。其逻辑推理思路是：皮下出血是判断生前伤的公认行业标准，鉴定人的结论为那处致命伤是生前伤。如果该结论是对的，根据行业标准，那么就应该出现皮下出血现象，但事实是没有发现皮下出血现象，这就与行业标准不符，显然该结论是错的，该致命伤不可能是生前伤。

尤其值得称道的是，辩护人在使用归谬法发问时，在不引起鉴定人警觉的情况下，提前做了大量铺垫性发问，借鉴定人之口排除了其他所有例外性可能，目的就是用鉴定人自己的回答来牢牢锁定“皮下出血是判断生前伤的一个标志性依据”

〔1〕 参见汤光仁、王向丽：《律师询问鉴定人的技巧（案例篇）》，载个人图书馆2016年4月27日，http：//www.360doc.com/content/16/0519/22/12424821_ 560569558.shtml。

这一行业标准。辩护人如同一名优秀的猎手，屏住呼吸小心翼翼地一点点靠近猎物，直到确保将猎物所有的后路全部堵死，最后一跃而出，发出致命的一击。

二是辩护人成功运用了二难推理来进行质证。二难推理，即通过提出两种可能的情形，对方不论是肯定还是否定其中任何一种可能性，都必然陷入进退两难的困境。二难推理的核心在于构建一个双管齐下的论证结构，这样的结构可以设置一个逻辑严密的问题框架，使鉴定人在回答问题时，发现自己不得不在两个不利的选项之间作出选择，而无论选择哪一个，都会让鉴定人无法找到一个合理的解释，从而不能自圆其说。

上述示例，辩护人不仅对鉴定人发出了终极之问，同时也是在进行质证。医学档案中没有记载那处致命伤有皮下出血现象，其原因只有两种可能性：要么此致命伤根本不是生前伤，所以没有产生皮下出血，意味着本案被害人的死亡原因不明，不能定罪；要么是尸体的确存在皮下出血，但检验人员由于粗心大意没有发现或记载，那就意味着本案缺失关键性的定罪证据，同样不能定罪。辩护律师通过精妙绝伦的充满逻辑性的发问和质证，最终取得了无罪辩护的成功。

四、与专家律师协作向鉴定人发问

有的案件，鉴定意见中涉及的问题的专业性很强，如果辩护人对该领域专业知识确实掌握不深，自认为在法庭上很难驾驭鉴定人，则不必勉强上阵亲自发问鉴定人。辩护人可以向委托人建议，增加聘请一名专家律师，通常来说，就是具备双证

（鉴定人证和律师证）的律师。这样做的好处在于，专业的对抗交给专业的人做，容易收到好的发问效果。当然，这种情形对委托人的经济实力要求较高，毕竟需要多付一份律师费。

｜**示例 10－3**｜ 提供侵入计算机信息系统程序案

一起杭州某网络科技有限公司被控提供侵入计算机信息系统程序罪的案件，在审查起诉阶段，与其他辩护律师共同努力，成功说服检察官减少了一个罪名，取得了阶段性的小胜利，但是仍然有一个罪名被起诉到法院。此时，辩护人无奈地发现，由于对电子证据知识的匮乏，无法发现本案最重要的证据即鉴定意见中可能存在的问题，更遑论申请鉴定人出庭进行有针对性的质询了。于是，辩护人建议当事人到北京或上海再寻找一名精通电子数据的专家律师。当事人的执行力很强，请到了刘品新教授及其助手徐菲博士共同加入本案的辩护律师团队。经过商议，刘品新教授和辩护人共同担任第一被告人的辩护人，徐菲担任被告单位的辩护人。刘品新教授既有鉴定人证，也有律师证；既有精深的电子证据法学理论知识，又有丰富的辩护经验。他甫一加入律师团，立刻制定了集中火力排除鉴定意见的辩护策略，并成功说服了法官通知鉴定人到庭接受询问。以下是辩护人在法庭上向鉴定人犀利发问的过程：[1]

2019 年 12 月 16 日某鉴定所的鉴定人出庭作证。这是辩方推翻鉴定意见的难得机会。辩方的总策略是要推翻其鉴定意

〔1〕 参见刘品新：《电子证据法》，中国人民大学出版社 2021 年版，第 495－497 页。

见，这是辩方与鉴定人的立场根本对立之处，与此同时，鉴定人名义上居于专业而“中立”的立场，借他的口可以说出对辩方有利的信息。辩护人在出庭质询前确定了先询问中性问题、后询问“错误”问题的顺序，并对鉴定意见书的四个组成部分（鉴定检材、鉴定方法、鉴定过程、鉴定意见表述）分别列了以下问题。

开庭之后，质询开始。辩护人按照惯例向鉴定人表示了问候，感谢他的辛勤付出。之后，辩护人问鉴定人能不能将本案提请鉴定的检材明确列举一下？鉴定人表示鉴定书上都写了，拒绝回答。这一反应出乎辩护人的意料。辩护人请求法庭作出裁示，理由是鉴定意见书“送检程序”表述不清，如果鉴定人不回答该问题，那么法庭就难以判断鉴定人针对什么进行了鉴定。法庭指示鉴定人进行回答。鉴定人只好列举了全部检材，也就是前面所说的9个文件（9个压缩包）。至此，第一个问题基本上明确下来，虽经历波折但为后续提问奠定了基础。

辩护人转向了第二个问题，问鉴定人是否知道这9个文件（9个压缩包）的来源。鉴定人回答，检材的来源由委托人（即侦查本案的公安机关）负责，鉴定人不管检材来源。这个回答很重要，辩护人请书记员如实记录下来。这就意味着控方有义务说清楚这些检材是否同被告单位有关系。

辩护人和徐菲开始就鉴定过程向鉴定人提问，主要涉及鉴定人是否切实做了鉴定及鉴定过程中的发现。通常而言，这一回合难以抓住鉴定人的明显软肋。但是，辩护人从本案鉴定书中发现，鉴定人在鉴定书中只描写了对部分送检软件的鉴定过程，对绝大多数送检软件的检验过程基本上是一笔带过，直接写上了“与……代码描述的功能相同”。这就让辩护人产生了疑问。在事先做过准备的基础上，辩护人向鉴定人提问，“是否确实做过鉴定”？鉴定人对此问一怔，回答是“当然做过了”。辩护人追问：“本案涉及面向功能机的软件开发，请问鉴定人是不是在功能机上做的鉴定?”鉴定人回答是针对功能机。辩护人挑出了鉴定书中的几张截图，问这个截图是功能机的截图吗？不是智能机吗？鉴定人可能也看出了问题，思考了好一会儿，说截图就是功能机。其实，这不是一个容易在庭上搞清楚的问题。但是，这一问题的提出暴露出了鉴定人对鉴定过程的生疏。后来的很多问题，鉴定人的回答都是“时间长了”“记不清了”“以鉴定书为准”等。

徐菲做了专业上的准备。她接着询问，请问鉴定人所使用的鉴定软件都在鉴定书中写明了吗？鉴定人说当然。徐菲问：“请问鉴定书第 16、17 页所写的软件——MRP 模拟器‘simulator. exe’在鉴定书中写明了吗?”鉴定人只能改口，鉴定过程中使用部分软件没有在鉴定书中写明，但确实做过鉴定实验了。徐菲继续问：“那您知道这个软件 MRP 模拟器‘simulator. exe’是谁开发的，怎么用的吗?”鉴定人不回答。徐菲说：“据我们了解，这个软件 MRP 模拟器‘simulator. exe’是被告单位开发的，使用起来非常复杂，您怎么可能用它做鉴定?”（这点出了关键性的问题，法庭当庭向被告单位核实，确实如此）鉴定人就有点自乱阵脚了……徐菲律师还问了几个问题，都指向鉴定人根本没有做过鉴定。鉴定人在法庭上越来越难以招架。

辩护人接着转向鉴定意见表述。辩护人问："您的鉴定书的结论表述为'送检程序……具有……功能……未经授权获取了计算机信息系统的相关信息，属于侵入微信系统的程序'，这里面有两个关键词'未经授权''属于侵入……程序'，请问您理解的这两个词是法律意义上的（即《中华人民共和国刑法》法条上法律术语含义），还是其他的含义？"鉴定人回答，是一般含义，"我不懂法条，我就按照一般意义去理解"。这就出现了戏剧性效果。本来，辩护人准备等鉴定人回答这里是法律术语的含义，然后追问他怎么能够作出法律意义上的判断，但没想到鉴定人直接回答为一般含义，这既出现了鉴定人作出法律判断的问题，也出现了鉴定人背离鉴定规范的问题。

辩护人捕捉到鉴定人思绪已经混乱了。继续追问："请问您鉴定书中所说的'送检程序……具有……功能'是指9个送检程序中的哪一个或哪几个送检程序？怎么得出该程序具有这样的功能？"（这是一种刨根问底的方式）结果鉴定人回答，是指所有送检程序合在一起具有这样的功能。

此话一出，法庭哗然。因为送检的9个程序部分来源不明，部分是侦查实验结果即模拟程序，它们是不可能合并在一起构成一个程序（类似于被告单位对外提供的功能机"微信"程序）的。辩护人马上提请书记员记下来，鉴定人说"送检的9个程序合起来才具有侵入的功能"。

鉴定人退庭后，辩护人向法庭表示，这份鉴定书的检材来源不明、鉴定方法错误、鉴定工具不当、鉴定过程失真、鉴定意见表述违法，不能作为认定案件事实的依据，即便作为认定案件事实的依据，也得不出“被告单位开发的计算机软件具有侵入的功能”的结论。法院在一审判决中采纳了辩护人的意见。

五、聘请专家辅助人质疑鉴定意见

在辩护人自身不具备专业领域知识储备的情况下，除了与其他专家律师合作，还可以聘请专家辅助人也即“有专门知识的人”[1]。有专门知识的人对相关技术领域的专业程度远超检察官、法官，通过对鉴定意见质证，可以补足辩护人对专业技术问题的短板，把鉴定意见的不中立性、不专业性、不科学性揭露出来，动摇技术鉴定给法官带来的有罪确信，最大限度地避免“以鉴代审”甚至“以鉴定罪”的现象。因此，聘请有专门知识的人，既可以弥补辩护人自身专业知识的不足，又可以倒逼公诉方迫于应对压力而通知鉴定人出庭，还可以给法官创造“兼听则明”的机会。

---

〔1〕 专家辅助人有一个法律上的正式名称，叫“有专门知识的人”。这个概念依据来源于以下两款规定：《中华人民共和国刑事诉讼法》第197条第2款规定：“公诉人、当事人和辩护人、诉讼代理人可以申请法庭通知有专门知识的人出庭，就鉴定人作出的鉴定意见提出意见。”《人民法院办理刑事案件第一审普通程序法庭调查规程（试行）》第26条第1款规定：“控辩双方可以申请法庭通知有专门知识的人出庭，协助本方就鉴定意见进行质证。有专门知识的人可以与鉴定人同时出庭，在鉴定人作证后向鉴定人发问，并对案件中的专门性问题提出意见。”

（一）聘请专家辅助人的方式

专家辅助人接受被告方的委托后，可以通过两种方式参与诉讼。

一是出具书面的专家意见。有些权威的业内专家出于种种原因并不愿意出庭，或者当事人因受到经济条件制约而聘请专家出庭的经费有限，对此可以仅聘请专家辅助人出具书面的专家意见，再由辩护人在庭前或庭审时提交法庭，作为对鉴定意见进行质疑和否定的依据。

需要引起大家高度重视的是，在2021年《最高人民法院关于适用〈中华人民共和国刑事诉讼法〉的解释》出台之前，普遍观点都是专家出具的意见报告不属于法定的证据种类，只是供法庭参考的意见，但是现在，专家出具的意见报告的性质和地位有了根本性的变化。《最高人民法院关于适用〈中华人民共和国刑事诉讼法〉的解释》第100条第1款规定："因无鉴定机构，或者根据法律、司法解释的规定，指派、聘请有专门知识的人就案件的专门性问题出具的报告，可以作为证据使用。"

二是出庭接受询问，发表意见，向鉴定人发问。法官通常倾向于相信鉴定意见，因为对法官而言，采信鉴定意见是相对比较安全的做法。要想推翻控方的鉴定意见，仅仅辩护人自己用嘴讲，说破天，法官也很难相信。可是，如果有比鉴定人更权威、水平更高的专家辅助人，通过出庭接受询问，发表意见，向鉴定人发问，在法庭上的说服力就非常强。

这里要注意两点：（1）尽量聘请专业领域内的权威专家，至少在业界的地位、能力要高于鉴定人。（2）辩护人在庭前应当与专家辅助人充分沟通，让他提前了解法庭规则和程序。

（二）专家辅助人出庭的典型案例

｜案例 10－13｜ 全国首件专家辅助人出庭案〔1〕

本案二审开庭，正好是2012年《中华人民共和国刑事诉讼法》确立了“专家辅助人”制度之后，也就是“有专门知识的人”出庭作证制度。辩护人决定，既然本案涉及多份法医鉴定意见，而且上诉人方某自己也是法医出身，那么，辩护人就还从这个法医鉴定着手，聘请更权威的“专家证人”出庭支持辩护方的观点。

鉴于这种操作在国内还是首次，辩护人也征求了法院的意见，他们也同意辩护人的这项申请。于是，辩护人开始寻找中国法医学界的权威，后来，经多方比较，决定聘请华中科技大学同济医学院法医系主任、博士生导师刘良教授担当此任。

庭审中，辩护人重点问了刘良教授四个问题：（1）熊某是不是被冻死的？（2）熊某是不是被饿死的？（3）熊某是不是被刑讯逼供致死的？（4）熊某死亡原因究竟是什么？

法庭上，刘良教授针对辩护人的问题作出了以下回答：

（1）从尸检资料来看，熊某不可能是冻死的，因为冻死的人身上有明显的大面积红斑，尸体上并没有出现。至于尸体

---

〔1〕 参见朱明勇：《无罪辩护》，清华大学出版社2015年版，第167－169页。

皮肤出现的“立毛肌收缩”，也就是老百姓常说的“鸡皮疙瘩”，是因为在将熊某抬到院子上救护车再送到医院的过程中，也许他已经死了。但是，人死后皮肤并不同时死亡，皮肤在受到冷空气刺激的条件下还会有应激反应。这就是老百姓说的皮肤冻得起“鸡皮疙瘩”现象。

（2）熊某也不可能是饿死的，因为一个很简单的问题是，尸检的时候，他的胃里还有尚未消化的食物。人在胃排空的情况下才会产生饥饿感，死者胃里面还有未消化的食物说明他还没有产生饥饿感，当然更不可能饿死。

（3）至于有没有可能被刑讯逼供致死，问题就更简单了。多份法医鉴定报告显示死者有心源性心脏病，但是，心源性心脏病有两种情况：一种是窦性心律过缓的心源性心脏病，另一种叫窦性心律过速的心源性心脏病。本案死者属于心率过缓的心源性心脏病。这种病人往往会在半夜睡觉中发生猝死。原因就是夜晚血液回流心脏较慢，活动减少，导致心动更加迟缓。所以说本案刑警如果在夜间对其刑讯逼供，打、折磨等，本能地会引起病人的应激反应，促进心跳加速，这样死亡的可能性反而要小于对其没有实施刑讯逼供的可能性。

（4）熊某死亡的真正原因系心源性心脏病猝死。

专家的意见简单明了，通俗易懂，句句切中要害，特别是对四个问题的回答，让人们茅塞顿开。争论了两年多的几份法医鉴定以及方某自己呕心沥血发表的质证意见在此全部得以开解。

第十一讲

刑事法庭发问的反对与应对被打断

- 行使发问反对权的法律依据
- 反对公诉人不当发问的策略
- 辩护人发问被打断的应对方案

前文介绍过刑事法庭上的八个发问禁区，如果公诉人和辩护人有意无意地踏入了这些禁区，很可能遭到对方的反对，发问节奏就会被打断，同时使庭审的气氛变得更加紧张、激烈。

当前法庭上，一些辩护人主要存在两个问题：（1）不明白自己为何被反对——这就导致在法庭上只能被动应对，要么张口结舌说不出话，要么强词夺理和公诉人甚至法官争吵；（2）不明白如何反对公诉人的不当发问——在法庭上要么一言不发，要么不分场合胡乱反对。因此，辩护人有必要思考在法庭上如何提出反对，以及如何应对公诉人的反对。

一、行使发问反对权的法律依据

公诉人与辩护人在开庭时，对对方的讯问、发问有异议，可以依据以下规定提出反对。

《最高人民法院关于适用〈中华人民共和国刑事诉讼法〉的解释》第262条规定：“控辩双方的讯问、发问方式不当或者内容与本案无关的，对方可以提出异议，申请审判长制止，审判长应当判明情况予以支持或者驳回；对方未提出异议的，审判长也可以根据情况予以制止。”

《人民法院办理刑事案件第一审普通程序法庭调查规程（试行）》第21条规定：“控辩一方发问方式不当或者内容与案件事实无关，违反有关发问规则的，对方可以提出异议。对方当庭提出异议的，发问方应当说明发问理由，审判长判明情况予以支持或者驳回；对方未当庭提出异议的，审判长也可以根据情况予以制止。”

《最高人民法院关于适用〈中华人民共和国刑事诉讼法〉的解释》第 261 条规定：“向证人发问应当遵循以下规则：（1）发问的内容应当与本案事实有关；（2）不得以诱导方式发问；（3）不得威胁证人[1]；（4）不得损害证人的人格尊严。对被告人、被害人、附带民事诉讼当事人、鉴定人、有专门知识的人、调查人员、侦查人员或者其他人员的讯问、发问，适用前款规定。”

二、反对公诉人不当发问的策略

（一）熟练辨别各种不当发问

辩护人对前文所介绍的各种犯规发问的基本类型要非常熟悉，到了法庭上才能在快节奏的庭审中保持足够的敏感度，快速地作出应对。法庭发问的节奏是很快的，公诉人一个不适当的问题抛出来，如果辩护人过了十几秒才反应过来，公诉人又问了好几个问题了，由此造成的不利后果已经发生，此时辩护人想反对也来不及了。

（二）快速讲出反对理由

有时，辩护人能够听出公诉人发问不当，但一时间说不出具体而有说服力的反对理由，法庭效果就大打折扣了，既显得

---

〔1〕《人民法院办理刑事案件第一审普通程序法庭调查规程（试行）》中还规定了“不得误导证人”“不得泄露证人个人隐私”。

辩护不专业，也不容易得到法官的支持。

| **示例 11-1** | 模糊地提出反对

辩护人：反对！

审判长：请问辩护人的反对理由是什么？

辩护人：公诉人发问方式不当！

审判长：请辩护人说明如何不当。

辩护人：不当……反正就是不当，反对！

这个效果就很差。如何解决这个问题呢？辩护人平时可以准备发问方式不当、发问内容与本案无关等几个常用的反对模板。因为庭审节奏是很快的，辩护人的临场反应可能没那么快，即时表达没那么精准，一遇到突发情况，如果大脑内存里马上就能调出模板来，这样在法庭上就可以信手拈来，显得辩护人很熟练、很专业。

| **示例 11-2** | 模板式提出反对

反对！审判长，公诉人在进行诱导性发问，请予以制止。

反对！审判长，公诉人假定了没有事实依据的前提，属于误导性发问，请予以制止。

反对！审判长，公诉人在让证人进行主观推断（猜测、评价），违反了意见证据规则，请予以制止。

法庭上就要这样，不仅能提出反对，还要能同时说出反对的理由。

| **示例 11－3** | 辩护人反对公诉人的不当讯问

公诉人：汪某为了拆除违章建筑的事请你帮忙，你答应了吗？

被告人：我没有答应啊。

公诉人：你没有答应啊？到底有没有答应过？

被告人：我没有答应过。这个违章建筑的事，该怎么处理就怎么处理，我跟他又不熟，为什么要答应帮他忙啊？

公诉人：这个，被告人啊，我发现你到现在为止，向法庭陈述的好多问题都跟证人讲的不一致，这个是什么原因啊？

辩护人：（举手并发言）辩护人对公诉人的发问提出反对意见。他刚才讲被告人的回答有很多跟证人讲的不一致，那你的意思是要求他跟证人回答都一致吗？对吧，你不是要问清事实，让他自己说出真实的情况吗？你怎么能够预设一个答案让他回答呢？而且这个答案就是证人已经说过的，你这不是诱导式或者强迫式的一种询问方式吗？

审判长（转头对公诉人）：等一会儿到证据举证的时候，再发表质证意见吧，直接问吧！

公诉人：（进行回应和解释）公诉人所讲的是一个事实，而不是自己的判断。

辩护人：审判长，我还是希望合议庭提醒公诉人，法庭是查明事实的，不是已经有了一个事实，让他在这里来认。你认为是个事实，你没有调查，你就认为是个事实……

审判长（打断）：好了好了。

辩护人（继续说）：你话都没问完，人家都没说，你就认为已经有一个事实了吗？

审判长：辩护人，法庭注意到了。

辩护人：所以我希望法庭提醒公诉人。

审判长：公诉人，等会儿就直接发问吧，质证的时候详细发表质证意见。

在这段发问中，公诉人对被告人说："我发现你所陈述的好多问题都和证人讲的不一致，这是为什么啊？"话音刚落，辩护人就举手反对了。这说明了几点：第一，公诉人的每一句话，辩护人都听得很认真。第二，他的敏感度很高，马上就发现公诉人的这个问题是不当的。第三，反对的同时，说明了反对理由，而且理由是成立的。公诉人在讯问时抛出了其他人的证言，试图制服被告人，这就是我前面讲到的八禁区之一的对质性发问，这样的讯问方式既带有诱导性，也带有强迫性。审判长完全听明白了辩护人的反对理由，所以建议公诉人在举证质证时再针对被告人的当庭供述发表意见。第四，庭上一分钟，庭下十年功。在这么短的时间内，辩护人能够作出恰当迅速的临场反应，这是相当不容易的，充分展示了深厚功底。

（三）审时度势酌情提出反对

有实务观点认为，只要对方违反发问规则，只要有反对的机会，就一定要提出反对，这样可以造成对方阵脚大乱，从而赢得庭审。

对这种观点笔者是不太赞成的。我们还是要具体情况具体分析，不要“一刀切”、走极端。在法庭上，不管是公诉人还是辩护人，通常有两种极端类型。

一种是麻木不仁型。对对方的各种不当发问不闻不问，不加反对也不补充发问，像一只鸵鸟把头埋在沙子里，导致庭审的被动。这种类型以辩护人居多。有的是因为水平不够，压根没听出来对方哪里有不当；有的是听出来了，但是胆量不够，不敢抗争。

另一种是反应过激型。对对方的发问太过神经过敏，甚至对于一些并无不妥的问题也胡乱提出反对，像一只好斗的公鸡，造成法庭以及旁听人员的反感，也得不到审判长的支持，自讨没趣，同样影响出庭效果和出庭形象。这种类型以公诉人居多。

这两种极端类型，无疑都是不妥的。作为一名辩护人，首先应该思考一个问题，在法庭上辩护人为什么要反对？并不是把公诉人打得落花流水就是胜利，辩护人并不需要表现得气势逼人，辩护人需要的是说服法官，维护好当事人的合法利益。手段永远服从于目标，技能永远服从于大局。

因此，在法庭上，辩护人应当审时度势，根据不同情况作出不同的应对。

1. 人格侮辱的发问，应当立即反对

极个别公诉人在庭上会口不择言，甚至进行人格侮辱。譬如：“你做出这样的犯罪行为，简直就是人渣，今天面对庄严的法庭，仍然不知悔改，百般抵赖，你是不是想顽抗到底？”

这样说是不合适的，再怎么样不能骂别人是人渣，侮辱人格。这时候辩护人要站在道德的制高点上，理直气壮地反对，既是抗议公诉人的不当言辞，也是依法维护被告人的人权。

2. 明显违法的发问，应当立即反对

“被告人，你要端正你的态度，不许狡辩，否则，公诉人将建议法庭对你加重处罚。”对于被告人的认罪态度，压根就没有加重处罚的法律规定，此时应当提出反对，以防被告人受到公诉人的威胁。

“被告人，你如果不端正态度，仍然认为自己无罪，将导致你的自首情节不成立，不能依法从轻、减轻处罚，你明白吗？”如果被告人认事不认罪，他认可事实，只是对自己行为的性质作出辩解，并不影响自首的认定，此时应当提出反对，以防被告人被公诉人误导。

3. 后果严重的发问，应当立即反对

被告人：我今天要检举揭发他人重大犯罪，争取法庭从宽处理。

公诉人：你有立功？你检举揭发谁啦？

公诉人在公开法庭上详细询问被告人关于检举揭发的细节问题，辩护人如果觉得不妥，应当立即提出反对，建议庭后再核实这个问题。但是，如果不是你的当事人，而是其他同案被告人当庭检举揭发，辩护人不要越俎代庖举手反对，那不是我方辩护人的职责，务必谨慎把握辩护的边界。

4. 实质影响的发问，应当立即反对

| 示例 11－4 | 应对假设性发问

在一起某市中级人民法院民庭庭长受贿案中，起诉书中有一笔受贿指控，是法官的一个好朋友在当地的基层法院打官司，请他帮忙推荐一名律师，于是他就推荐了一名律师进行代理。事后这名律师以案件介绍费的名义送了他一笔钱，但是在案件审理过程中，他没有向基层法院打任何招呼，这个案件后来还败诉了。

法官推荐律师代理案件，但是案件的来源并不是庭长手上办理的案件，是他下级法院的案件，法官在这个过程中只有推荐和收受案件介绍费的行为而没有任何说情打招呼。法官究竟是否具有利用职务之便为对方谋利的故意和行为，显然是定罪的关键。

庭审时，针对这起指控，公诉人前面问的问题都还正常，但是问着问着，公诉人突然问："这个案件一审败诉了，后来上诉没有?" 答："没有。" 问："如果上诉会到哪里审理?" 答："到我们中院民庭啊。" 再问："如果案子上诉之后到你庭里，既然当事人以及律师和你的关系都很好，你作为庭长会怎么处理呢?" 这时候被告人愣住了，不晓得该怎么回答了，于是他就用一种求助的目光看向辩护人。

这时，辩护人马上举手反对："审判长，公诉人讯问方式不当，这是一个假设性的问题，讯问应当围绕案件事实本身来问，被告人没法就一个没有实际发生的事实来进行回答。" 审

判长经验很丰富，不动声色地说了一句："请公诉人做一下说明。"公诉人也愣了一下，但他反应还挺快，马上解释了一大段话，但是辩护人也没听明白。等他解释完了，审判长不置可否，此时公诉人不等审判长发话，直接换了个其他问题问下去了，被告人也不用回答刚才那个棘手的问题了。

像公诉人刚才问的那个问题，必须要马上反对，因为一旦被告人脑子不清醒，将置自己于被动，后果将不可控。因为受贿罪的标准是很低的，不需要实际为当事人谋取利益，甚至不需要实际承诺，只要内心有利用职务之便为他人谋利的意思就能构成犯罪了。

5. 无明显不当发问，不必反对

公诉人的发问，有些是对案件没有实质性伤害的违规发问，有些是在非关键性事实上的违规发问，或者是为了更快地查明事实、提高庭审效率而进行的适当的诱导发问，如有些时候答案就在嘴边，但被告人却一时想不起来，为了唤起他的记忆，适当地进行提示性发问。

| 示例 11 -5 | 讯问任职经历

公诉人： 被告人，2019 年 8 月至 2023 年 5 月，你担任某局局长，是吗？[1]

---

〔1〕 句式上看属于诱导性发问，但被告人对具体任职时间记忆不清，且该时间段有书证证明。笔者认为，从实质判断的角度，此类问题不属于诱导性发问。

被告人：是的。

| **示例 11－6** | 讯问案发过程

公诉人：被告人，当时你听到被害人骂了你之后，你就上前一脚把他踹倒在地，是吗？[1]

被告人：是的。

辩护人对这些发问是否都必须予以反对呢？不需要。辩护人不是反对的机器，在法庭上并不一定要对公诉人取得气势上的压倒性胜利，而是需要从根本上维护被告人的合法利益，所以在这些情况下，不必事事反对。

6. 教育训斥型发问，酌情适时反对

这是一种法庭上很常见的情况，公诉人当庭训斥被告人，当然也可以勉强称为法庭教育。

| **示例 11－7** | 应对教育训斥型发问

在某刑事案件中，出庭的公诉人非常优秀，在讯问时，前面的问题非常犀利、非常有逻辑性，令人佩服。但是后来，被告人在接受公诉人讯问时，不断对自己的行为进行辩解，可能因为这个案件辩护人做的是无罪辩护，被告人也不认罪，所以公诉人明显有点急，开始训斥被告人，说“你不要推卸责任”“你狡辩也没有用”这类话，讲着讲着情绪上来了，越讲越冒

〔1〕 句式上看属于诱导性发问，但辩方对该事实并无异议，属于无争议事实。

火，已经变成训斥的口吻了，被告人的脸一阵红一阵白，前后足足有好几分钟。

在这个过程中，辩护人有过犹豫，但最终并没有提出反对。为什么？

第一，辩护人始终在仔细观察，如果被告人快顶不住了，那辩护人必须得帮助他，但辩护人看被告人还行，毕竟经过充分的庭前辅导，辩护人相信被告人不会轻易地被一顿训斥所“屈服”。

第二，辩护人始终认为，在法庭上有理不在声高，包括法官对那些过于强势的公诉人，即使嘴上不说，心里其实未必认同。既然如此，那就让法官内心的不认同感再延长一会儿好了，让子弹再飞一会儿……就这样，在足足训斥了七八分钟之后，还没有结束的迹象，辩护人看看法官，做了一个略显无奈的表情。显然，法官读懂了辩护人的表情，发话了：“公诉人，差不多可以了吧，请围绕本案事实进行讯问。”公诉人这才停止训斥。辩护人相信，公诉人这几分钟的表现，在法官的心中，在旁听观众的心中，一定是减分的。面对这种情形，其实辩护人完全可以马上提出反对，理由就是“审判长，公诉人的讯问带有强迫性和威胁性，未充分尊重被告人，未做到理性文明，请法庭予以提醒”，但是到底该不该提，什么时候提，这是一个见仁见智的问题，在实践中自行掌握反对的尺度、分寸即可。从技术层面上提出反对不难，最难的是对反对时机和火候的把控拿捏，这需要辩护人通过千锤百炼的庭审方能体会并得心应手地处理。

综上，辩护人首先要具备熟练辨别不当发问的能力，同时还能迅速说出反对的具体理由，至于是否行使反对权，需要视庭审具体情况而定。

三、辩护人发问被打断的应对方案

在实践中，辩护人的发问被打断，是庭审中经常出现的现象。主要分为两种情况：一是公诉人提出反对，二是审判长直接制止。

（一）公诉人提出反对

公诉人提出反对后，审判长一般会稍微等待辩护人作出反应再进行裁决。这个时候辩护人要马上回应，说明这样发问的正当理由，或者直接指出公诉人反对的不当之处，然后等待审判长的裁决。此时审判长一般有三种反应：

第一种反应是采纳公诉人的反对，制止辩护人。辩护人应当根据审判长的指示，调整发问方式。

第二种反应是驳回公诉人的反对，直接说公诉人反对无效。但是这种情况出现的概率很低。

第三种反应是沉默。一般来讲，沉默被认为是审判长默许辩护人继续发问。因为他对公诉人的反对不好意思直接驳回，就采用沉默的方式表达自己的态度。

示例 11－8　说明本方发问的正当理由

辩护人：是谁安排你去看守所和被告人见面的？是怎么让

你去的？

证人：打电话，刑警大队长。

辩护人：你这几次去看守所有无进行相关登记？

证人：办理了。

审判长：检察员举手有什么意见？[1]

检察员：请辩护人围绕与本案有关的内容进行发问。

辩护人：辩护人是为确认证人是否通过合法程序进入看守所，也是为确认会见被告人是否合法。[2]

辩护人（继续发问）：你和被告人第一次交流时，办案人员是否和你在一起？

证人：在一起。

| 示例 11 －9 | 直接指出公诉人反对的不当之处

辩护人：被告人有一份讯问笔录，讯问总时间是 140 分钟。笔录却只有 2 页纸，差不多是 20 多分钟的讯问内容。能否向法庭解释一下，剩余的近 2 小时的时间里，你们和被告人在做什么？

侦查人员：被告人会说一些与案件无关的情况，不会都记

〔1〕这里看出检察员太规矩，反对的时机稍纵即逝，应当举手即说反对，这里不涉及是否尊重审判长、是否不礼貌的问题。这是审判长看见你举手了，要是没看见呢，难道一直举着手等下去吗？

〔2〕据理力争，阐明自己的发问目的，说明这是有必要的发问。如果警察是违法会见被告人，那么可能带来非法证据排除的问题，所以他的问题和本案有很强的关联性，不是无关性的问题。由于解释得体、反应及时，就很好地化解了检察员的反对，因此审判长就没说话，保持沉默就是默许继续发问。

在笔录中。

公诉人：公诉人有话要讲，请准许。

审判长：准许。

公诉人：刚才辩护人提到的那份讯问笔录，笔录中有写到低头沉默不语，他不说话，你说记什么呢？

辩护人：公诉人这个问题可以在质证阶段说，公诉人刚才等于替证人回答了问题。[1]

（二）审判长直接制止

审判长的制止确实有道理的，辩护人应当立即调整发问方式。审判长的制止没有道理的，辩护人简单解释一下即可，一般情况下不要和审判长争辩。最糟糕的是辩护人争辩了，最后恰恰是审判长讲的有道理。

| **示例 11－10** |　辩护人与审判长不当争论

审判长：辩护人，你没必要这样质问证人，你直接问你的问题。

辩护人：这是讯问。

审判长：这是发问不是讯问。

辩护人：您好好看一下《中华人民共和国刑事诉讼法》。

审判长：你也好好看一下，不叫讯问。你不要在法庭上争论这个问题了，你有权讯问证人吗？讯，哪个讯？

---

〔1〕这个回击直击要害。

辩护人：审讯的讯。你们调出来看一看。

审判长：哪条？拿出来。哪条？拿出来！我就跟你争到底。这些问题老是纠缠，不听制止。找出来没？我本来不想和你纠缠这个问题的，告诉你，往下走，你非要在这里和法庭较高低。各位知名法律人对这些条文应该非常熟悉。

辩护人：我说错了，我向法庭鞠躬。

审判长：好，往下问。

这段对话中，双方争执的是一个法律常识问题，有的辩护人不太注意关于发问的规范叫法。在法庭上，公诉人和法官对被告人提问都叫讯问，辩护人对被告人提问叫发问；公诉人和辩护人对证人提问，都叫发问；法官对证人提问，叫询问。这些常识要有意识地内化于心，否则到了法庭上常识问题搞不清，还要跟审判长较劲，辩护人就很尴尬了，被审判长好好教训了一通，自己丢了面子事小，关键是人为加剧了和审判长的对立情绪。

在法庭上，辩护人可以提出反对，也可以表达观点，但一旦审判长作出了裁决，只要不是审判长故意违法或者严重偏袒，辩护人应当服从审判长的指挥，不能不听指挥甚至随意闹庭。同时，辩护人也要树立一种意识——法庭发问被打断是庭审中的正常现象，不要大惊小怪。打断不可怕，关键是不要被打乱了阵脚、打乱了节奏，应当想方设法尽快回到发问的正常轨道上。

后记

《制胜法庭——律师刑事发问技法》的成书过程，于我而言，既是对执业经验的系统性总结，亦是对刑事辩护技术体系化、理论化的一次有益探索。

本书的起源可回溯到2019年，承蒙恩师钱列阳先生引荐，我有幸受邀于点睛网创始人刘卫主编，在线上开设了《刑事法庭发问技法》的专题课程。令人欣喜的是，课程上线后得到了众多律师朋友的热情反馈和普遍好评。一位同行评论道："这门课程实战指导性强，不空洞、接地气，让喜欢刑辩的我深入了解了高效庭审发问的方法与技巧，真是受益匪浅。"这样的反馈让我深刻感受到同行们对专业技能的执着追求，也让我意识到，法庭发问这一基础诉讼技能在理论构建和实践指导层面仍有较大提升空间，亟需更深入的探索与研究。2022年，经刘卫主编再度邀约，课程内容又经重构与拓展。如今，基于原有的课程内容，经过反复打磨，本书已更加详实、系统地呈现在大家面前。

在此，我谨向钱列阳先生、点睛网创始人刘卫主编以及法律出版社致以最诚挚的谢意。钱列阳先生不仅是我职业生涯的引路人，更是始终给予我坚定支持的恩师；刘卫主编为本书的课程开发和推广提供了宝贵的平台和机会；法律出版社董昱等老师为书稿提出了许多宝贵的修改意见。同时，我也要对广大律师朋友的实践反馈表示衷心的感谢。本书能够付梓，既源于我的实务积淀，更得益于学界前辈的智识结晶与行业同侪的实践智慧，实为集体专业经验的体系化呈现。

在刑事辩护的职业实践中，专业勇气与技术理性构成价值实现的双重维度。前者体现为面对复杂环境时对当事人合法权益的坚守，后者则通过程序技术确保实体正义的实现。法庭发问作为庭审调查的核心技术，兼具事实发现与权利保障的双重功能，其技术完善程度直接关涉辩护效能与司法公正。基于这一认知，本书致力于全面梳理并总结我在法庭发问实践中积累的经验与技法，以期能为广大同行提供具有实践价值的参考与灵感。

本书遵循“实践—理论—实践”的认知路径，通过典型案例解构、技术要素分析及策略体系建构的三维框架，系统阐释法庭发问的技术原理与实践要旨，涵盖了从基础的发问技法到高级的策略应用。第一讲探讨如何成为发问高手，第二讲介绍发问的功能，第三讲至第五讲分别从发问重点、禁区和误区入手，帮助读者避免常见错误。第六讲至第十讲分别针对被告人、同案被告人、控方证人、侦查人员和鉴定人，提供具体的发问技法和策略。第十一讲则提供处理庭审中的反对与异议的方略，帮助律师应对突发情况。

写作的过程，既是回顾过往，也是期许未来。本书不仅是我法律生涯中留存的一处重要印记，铭刻了我对刑辩技术持续追求的足迹，更承载着我对法律职业的热爱与敬畏。同时，我深知自己学识有限，而法庭发问又是一门博大精深的学问，本书虽经严谨考订，仍难免存在思考不周甚至错漏之处。若书中的点滴见解能为读者带来些许启发，我将不胜欣慰；若有瑕疵之处，也恳请读者朋友们慷慨指正，您的宝贵意见将是我不断进步的源泉。

最后，我想对阅读本书的同行们说，法庭发问是一门需要不断实践与精进的技艺。愿此书能成为您职业生涯中的一位挚友，助力您在法庭上更加自信、从容地应对各种挑战。愿每一位同仁都能在追求技术与勇气的道路上不断前行，为维护当事人的合法权益、推动法律的正确实施贡献自己的力量。

孙　浩

2025 年 3 月 16 日